中华先锋人物
故事汇

库尔班·尼亚孜
用心血浇灌民族之花

KUERBAN NIYAZI
YONG XINXUE JIAOGUAN MINZU ZHI HUA

王巨成 著

党建读物出版社　

图书在版编目（CIP）数据

库尔班·尼亚孜：用心血浇灌民族之花/王巨成著.—南宁：接力出版社；北京：党建读物出版社，2021.6
（中华人物故事汇.中华先锋人物故事汇）
ISBN 978-7-5448-7216-4

Ⅰ.①库… Ⅱ.①王… Ⅲ.①传记小说-中国-当代 Ⅳ.①I247.5

中国版本图书馆CIP数据核字(2021)第095986号

库尔班·尼亚孜 —— 用心血浇灌民族之花
王巨成　著

责任编辑：李明淑　张永鹏
文字编辑：王　燕
责任校对：杨　艳　杨少坤
装帧设计：严　冬　许继云　　美术编辑：高春雷
出版发行：党建读物出版社　接力出版社
地　　址：北京市西城区西长安街80号东楼（邮编：100815）
　　　　　广西南宁市园湖南路9号（邮编：530022）
网　　址：http://www.djcb71.com　http://www.jielibj.com
电　　话：010-65547970/7621
经　　销：新华书店
印　　刷：河北鹏润印刷有限公司
2021年6月第1版　　2022年2月第3次印刷
787毫米×1092毫米　32开本　6印张　85千字
印数：20 001—25 000册　　定价：28.00元

本社版图书如有印装错误，我社负责调换（电话：010-65547970/7621）

目录

写给小读者的话 ········· 1

爸爸"失踪"了 ········· 1

童年拐了个弯 ········· 11

最大的财富 ········· 23

人生不是一件"的确良" ········· 31

恐惧 ········· 43

豁出去 ········· 51

我就是要上学 ········· 59

小挫折 ········· 67

脸上开了一朵花 ········· 77

那个瘦弱的孩子·············87

每一滴眼泪都是热爱········97

褒奖·····················105

有一种难过···············115

奇妙之旅·················123

感恩·····················131

新生·····················137

艾孜麦提的秘密···········145

锦旗背后的故事···········155

一天·····················163

长大后我就成了你·········171

写给小读者的话

高远的天空中飘着一只美丽的大风筝。

风筝对系住它的那根长长而结实的线说:"没有你,我会飞得更高更远!"

线说:"你错了,没有我,你就不是风筝。没有我,你也不可能飞上天空!"

"你是不是在忌妒我?赶快放开我,我会用事实教训你!"风筝气恼地说。

线只好放开了风筝。

"我要飞得更……"风筝的欢呼声未落,便在天空中忽上忽下地翻滚起来,然后它一头栽了下来,挂在了一棵树的树枝上。

一天一天过去了,被风吹日晒雨淋的风筝再也没有飞到天上,曾经鲜艳的颜色不见了,曾经像蝴蝶一样的骨架不见了,最后成了垃圾。

其实,对一个人来说,也是这样的道理。一个人只有紧紧依靠着祖国,他的梦想的风筝才会飞得更高更远。

同样,对于一个民族来说,只有把祖国当作自己坚强的后盾,他才能得到长远的发展与腾飞。

库尔班·尼亚孜深知这一点。

库尔班一再说,他只是一个平凡的人:"没有党的领导,没有祖国母亲,没有改革开放,就没有我的今天。"

库尔班又是不平凡的。他本来可以过着安逸的日子,然而,库尔班偏偏不想这样,偏偏要去做别人从来没有做过的事情。也许,这和他特别的童年有关,和他的父亲有关,和新疆生产建设兵团有关,和他曾经佩戴的红领巾有关……

库尔班准备失败,准备头破血流。

库尔班成功了,他拥有了鲜花,拥有了各种荣誉。然而,库尔班依然不愿意停下探索、奋斗的脚步,他是一个有抱负的人,他要把中华传统文化的种子播进每一个维吾尔族人的心里,他要让爱党、爱国、民族团结之花开遍新疆大地……

库尔班用他的满腔热情诠释着什么是共产党人的初心。

爸爸"失踪"了

库尔班一直感谢父亲年轻时的那次"失踪"。

那是一九五四年五月初的一个清晨。

库尔班的奶奶从炕上起来后就发现了异样,家里太安静了,没有任何动静,连饲养的那几只鸡以及一头毛驴也都安安静静的。往常这个时候,大儿子和他的新婚妻子忙碌的身影已经出现在晨光里了。大儿子也好,新媳妇也好,他们可都是勤快人。

是不是还没有起来呢?奶奶看见小两口的房门开着,就伸过头去看了一眼,炕上竟然没人。

是不是到地里去了呢?是有这种可能的。大儿子一直念叨着说要开辟出一块地来,家里本来人口多，吃饭的嘴巴多。如今迎娶了妻子，将来他们还得有孩子，那就更需要地了。

奶奶叫醒了两个叔叔，要他们到地里去看看。

两个叔叔很快从地里回来说："地里没有大哥，也没有嫂子。"

"兴许过一会儿就回来了……"奶奶自言自语道，也算是安慰自己。

谁知，等到太阳升到了天空，还没有看见两个人的影子。

奶奶一下子紧张起来：没有任何先兆，两个大活人怎么就不见了？

于是，一家人立刻找起来。树林里，荒坡上，沟壑里，村子里能找的地方都找了，都没有见着两个人。

后来，村子里的一位大伯对焦头烂额的奶奶说，他看见小两口往托什干河去了。

奶奶和叔叔们又匆匆赶到河边，他们看见了人，但只有一个人，那是库尔班的妈妈。

年轻美丽的妈妈坐在河边，眼睛上还挂着泪珠。

见此情景，奶奶立刻号啕大哭起来，她以为爸爸落水了。

这时，妈妈连忙擦干了泪水，用手指了指河对岸，羞羞地说："去那边了……"

大家都疑惑地看了看宽宽的河面，接着奶奶叫起来："到那边去了？难不成长翅膀了？到那边干什么？你咋不拦着他呀？"

奶奶责备的意味显而易见。

妈妈倒是平静了下来，说出事情的原委。

爸爸当然不可能长出一对翅膀来，但是年轻的爸爸有一双长长的腿。五月初的托什干河河水相对比较浅，爸爸是蹚着水过了托什干河。他去了河对岸的新疆生产建设兵团第一师四团。

那是爸爸一直神往的地方。

那原本是一片寸草不生的荒漠，祖祖辈辈生活在这里的人从来没有想过那里能长出庄稼来。然而，有一天来了一群战士，他们没有一个闲人，所有人都是劳动者。一年三百六十五天，他们披星戴月，吃在工地上，住在工地上，他们随便在沙地上挖一个坑，砌上石头，搭上芦苇，那就是他们的"家"。他们穿得破破烂烂，简直像野人。可是他们终究不是野人，野人能修桥，开路，栽树，开沟，造渠，把天山的雪水引下来吗？更主要的是，他们还那么快乐，劳动的号子，嘹亮的歌声，总是响彻云霄。

漫天的黄沙，零下二三十摄氏度的严寒，暴雪狂风，都无法阻止他们。

他们创造了一个又一个无法想象的奇迹，荒漠终于种植出了蔬菜，终于种植出了庄稼，而且出现了一座一座的工厂。

爸爸要去那个地方看一看，看看那些创造奇迹的人到底什么样。莫非这个世界上还真的有神兵神将？

爸爸还想跟那边的人学习一些"秘诀"，开垦荒漠的"秘诀"，种地的"秘诀"，多打粮食的"秘诀"。爸爸太想要这些"秘诀"了，他们一家所在的依麻木十一大队能耕种的土地非常少，大片的土地都是沼泽地，连牛羊都没法饲养。

爸爸决定去之前，跟妈妈商量过。妈妈没有不同意的道理，爸爸是一个负责任的男子汉，他想到的事一定会努力做到。

妈妈是来送爸爸的。

托什干河没有桥，只能蹚水过河，爸爸一米九六的个子在这里显示出了优势。

托什干河发源于天山，是塔里木河的支流。春冬季节，河水较浅，夏季河水较深。

目睹着爸爸把脱下的长衣长裤举在头顶上，一步一步蹚在冰冷的河水里，妈妈的眼泪忍不住滚落下来。再见到爸爸，谁知道是什么时候呀？

爸爸被冰冷的河水刺激得呵呵吐气，但是他笑着对妈妈说河水一点儿也不凉。

过了河，爸爸穿上衣服，冲妈妈挥挥手，大步流星地走了，然后那壮实的身影渐渐消失在妈妈的眼前。直到这时，妈妈才想起来她应该责备爸爸一两句的，虽然她支持爸爸的决定。

真是一个负心郎，你就忍心把我丢在家里……妈妈心里说着，刚停了一会儿的眼泪又扑簌簌地落下来。

听了妈妈三言两语的讲述，奶奶哼了一声。

小叔似乎从这一声"哼"里获得了启发，他

踢掉鞋子，双脚踩到了河里。奶奶眼疾手快，一把拉住小叔，喝道："你找死呀！"

其实，即使奶奶不拉，小叔也不敢蹚水过河。能蹚水过河的只有爸爸。

最初，一家人都以为爸爸很快就会回来的。不回来，他在那边住哪儿？吃什么？再说，那边也没有亲戚呀，爸爸的结局只能是灰溜溜地回来，就像做了一场梦一样。

一天过去了，两天过去了，三天过去了，爸爸没有如他们希望的那样出现在家里。

五天过去了，十天过去了，一个月过去了，爸爸依然没有出现在家里。

在这段令人揪心的时间里，妈妈一次一次偷偷来到河边，她是多么希望能看见爸爸啊，哪怕只看他一眼，知道他健健康康地活着，叫他们一家人放心。

在河边的妈妈还放开喉咙，一首一首地唱着歌谣，她希望爸爸能听见她深情的歌声，然后循着歌声来看看她。

爸爸一直没有出现过，就像飞出笼子的一只

鸟儿。

妈妈一次一次满怀希望地来,然后又一次一次失望地回去。妈妈动过蹚水过河的念头,但是随着气温的升高,托什干河的水位也在升高,因为天山融化的雪水变多了。

葡萄熟了,枣儿红了,哈密瓜甜了,时间不知不觉到了八月,望眼欲穿的妈妈终于迎来了爸爸。

爸爸更健壮了,皮肤也更黑了。爸爸还带回来九十多元钱。

谁也没有见过那么多钱。即使一家人累死累活地忙一年,也不可能挣这么多钱。有了这一笔"巨款",一家人尽可以安心、踏实地过日子了。如果用来买面粉,做成香香的馕,足够一家人吃三年。

不过,奶奶用审视的目光盯着爸爸的眼睛,问:"钱哪儿来的?"

奶奶需要钱,但是她绝对不会容忍这笔钱来路不正。

爸爸昂着头对一家人说:"这里的每一分钱

干干净净！"

看着爸爸那双长满了茧子的双手，就知道那确实是干干净净的钱，是爸爸出了力气，甩了汗珠子挣来的。

在兵团，爸爸第一次看见了一个"大怪物"，力大无穷，发出轰轰的响声，所到之处，砂石被推走了，地变平整了。

这个庞然大物就是推土机。

在接下来的日子里，爸爸不声不响地跟着兵团的人一起干活，起初不少人以为他是兵团请来的人，或者是哪一家的亲戚，他们自然也把爸爸当客人了，请他跟他们一起吃饭，一起睡觉，大家都喜欢这个有力气又纯朴的维吾尔族小伙子。

后来，在兵团的人的帮助下，那个强壮、神奇的"大怪物"给爸爸推出了十亩地，就挨着兵团，一切都按照兵团的人的方法去耕种。大豆种子、化肥是从兵团那里赊来的，等收获了，用大豆还上。

从此，爸爸留了下来，他把他的时间和精力全部花在十亩大豆地上。在爸爸的期盼中，大豆收获了。还了当初的种子和化肥的费用，爸爸把所有的大豆都卖给了兵团。这样，他拥有了人生的第一笔"巨款"。

奶奶笑了。

妈妈笑了。

一家人都笑了。

爸爸还告诉他们，那边的人对他很友好，很热情。他们特别勤劳，也特别会种地，尤其会用一种叫"科学"的方法种地。

"他们，我们，都是中国人！"爸爸最后用那边的人的话，不那么流畅地说了这句话。

一家人大眼瞪小眼地看着爸爸。

爸爸嘿嘿笑着，挠了一下头，用维吾尔语又说了一遍。在那边，爸爸学会了不少他们的话，也认识了一些方块字。

紧接着，爸爸又做了一个重大决定，举家搬迁到英阿瓦提乡，就是他蹚过的托什干河附近，他的十亩地上。

这是一个好地方，在这里不但跟兵团的人直接做了"邻居"，而且还能看见天山的托木尔峰以及峰上的皑皑白雪。

这一段经历深刻地影响了库尔班的爸爸,这也是库尔班的爸爸后来成为中国共产党党员、生产大队队长的原因。

尽管这时库尔班还没有来到这个世界上,但是他的命运必将因为父亲命运的改变而改变。

童年拐了个弯

爸爸对库尔班讲起他的那段经历时,库尔班已经是一个九岁的男孩,也是一个非常淘气的男孩。

妈妈常常拿库尔班没有办法,也常常在爸爸面前告库尔班的"状"。不好好读书啦,该回家的时候不见了踪影啦,跟村里的孩子打架啦,跑到河边玩水啦,糟蹋地里的庄稼啦,偷吃兵团地里的瓜啦……

那时候,爸爸已经做了生产大队队长,他的巴掌没少拍到库尔班的身上。可是,到了下一次,一个淘气男孩可能犯的过错,库尔班照样犯。

说实在的,作为一名生产大队队长,有这么一个不省心的儿子,爸爸有时候都觉得自己在生产队员面前说话少了一些威信。

爸爸终于等来了"教训"库尔班的机会。

这一天上午,在生产队地里劳动的爸爸妈妈看见奶奶迈着细碎的脚步匆匆而来,一下子紧张起来,他们预感到库尔班一准又淘气了。

等奶奶到了跟前开口说话,爸爸妈妈明白了他们的预感是准确的,库尔班果然又淘气了。

爸爸跟着奶奶回去了。

还没有到家,爸爸就听到了库尔班没命地叫喊:"爸爸,爸爸,快救救我——"

库尔班在家门口的树上,树下是看热闹的孩子。

家门口有两棵高大粗壮的柳树,库尔班在其中一棵树上面,卡在树的枝丫中,上不去,下不来。

本来库尔班并没有打算爬到那棵树上,但是有一个孩子偏偏说库尔班不可能爬到那么高。对一个九岁的男孩子怎么能说这样的话呢?库尔班二话没说，就爬了上去。库尔班对自己是有信心的，他爬过那棵树，而且不止一次。可惜，这一次库尔班失算了，他被树枝卡住了，这大概是柳树用它的方式来表达对库尔班的态度——爬两三次就算了，你不能老是爬到我的身上来呀。

库尔班已经尝试过多种方法，试图挣脱那些枝丫，看热闹的孩子也想了多种办法，无奈那枝丫把库尔班牢牢地卡住了。倒是有孩子想爬到树上去解救库尔班，但是他们爬树的本领没法跟库尔班比。

后来串门的奶奶回来了，库尔班叫奶奶想办法。

奶奶能想出什么办法来呀？她也不可能爬到树上啊。

"奶奶，你千万别叫我爸回来！"库尔班郑重地跟奶奶说。库尔班比谁都清楚，爸爸回来，他不会有好果子吃。

不说这句话还好，一说这句话，奶奶还真的去叫爸爸了。在奶奶看来，这件事只有爸爸能想出办法来呀。

看见奶奶去喊爸爸了,那些看热闹的孩子一哄而散。他们和库尔班一样,有些怕生产队队长。

来到树下的爸爸没有冲库尔班喊叫,也没有要打他的意思。

爸爸看了看树上的库尔班,要奶奶看着库尔班,哪里也别去,然后他走了。

奶奶和库尔班都以为爸爸去想办法了。

谁知,奶奶和库尔班等呀等呀,怎么也看不见爸爸。

库尔班要奶奶再去找爸爸,可是奶奶这一次没有离开,是不敢,她怕库尔班从树上掉下来。

直到生产队收工了,库尔班和奶奶才看见爸爸不急不忙地走回来,朝他们跑来的是妈妈。

妈妈也没有办法。

"你上去,快把他弄下来,多危险呀!"妈妈对爸爸说。

爸爸要奶奶和妈妈回屋做饭,他来想办法。爸爸背靠着另一棵柳树,就那么不言不语地看着树上的库尔班。

谁也不知道爸爸到底是在想什么办法。

午饭做好了，爸爸回屋盛来饭，继续背靠着柳树，津津有味地吃着，好像已经忘记了树上的库尔班。

库尔班看得口水都流了出来。说实话，他的肚子早就饿得咕咕响了。

也不知道爸爸跟奶奶和妈妈说了什么，她们都没有再来到柳树下。库尔班的眼泪一滴一滴落了下来。

爸爸吃完了午饭，把饭碗送回屋，再来的时候，手上多了一把锯子。

看样子爸爸是要把树锯了。树锯了，库尔班自然就下来了。可是，库尔班一点儿也不想锯树，把一棵活生生的树锯了，那树该多么痛苦呀，而树的痛苦完全是他带来的。

拿着锯子的爸爸终于说话了："库尔班，你还想不想待在树上了？"

"不想了……"库尔班低声说，他已经在树上待了三四个小时了，手脚麻木了，脖子也酸了。他现在最大的愿望就是从树上下来。

童年拐了个弯　15

"真的不想了吗?"爸爸又问。

"真的不想了。"

"你错了吗?"

"我错了。"

"真的错了吗?"

"真的错了。以后我要听话……"

爸爸找来梯子,爬到树上,用锯子把那根树枝锯了,然后把库尔班夹在胳膊里,下了树。

到了地上,库尔班已经快要站不起来了。

几天以后,爸爸有事去兵团,顺便带上了库尔班。这是爸爸对库尔班的"奖励",奖励他从树上下来的几天里安分守己。

尽管是"邻居",但这是库尔班第一次去兵团。

库尔班无数次远远看到过兵团,他知道兵团里面有如一排排站立的士兵一样的白杨树,有着一望无际的田地,田地里生长着绿绿的庄稼,有玉米、小麦、水稻,也有葡萄、哈密瓜。库尔班还从爸爸口中得知,那里的人说普通话,写方块字,用一种叫"科学"的方法种地,但是那些人和他们一样都是中国人，勤劳，热情，善良。

库尔班特别兴奋。能有机会到兵团里面去，他自然不会错过。

路上，爸爸对库尔班讲了他那年的经历。

当听到爸爸蹚过冰冷刺骨的托什干河，库尔班敬佩地说："天哪，爸爸，你真是太厉害啦！是天底下最厉害的爸爸！"

九岁的库尔班去过最远的地方是镇上，是跟妈妈去的。他们的镇子就是他的整个世界，他认为家附近的集市就是世界上最热闹的地方。因而，在库尔班看来，托什干河是他见过的最大最宽的河流，也是世界上最大最宽的河流。

爸爸淡淡地笑着说："这算什么？等你将来长大了，走出我们的镇子，走出我们的乌什县，就会看见比托什干河更宽更长的河，比如黄河、长江。你就会知道，世界很大很大！"

"那我一定一定要走出我们乌什县，去看看黄河，看看长江，还有很大很大的世界！"库尔班挺起胸膛说。

爸爸疼爱地用手摸了一下库尔班浓密的头发，

说:"那你就要好好读书,读好了书,你就能走得很远很远!"

库尔班眨巴眨巴眼睛,爸爸的这句话有点深奥了。不过,库尔班还是爽快地答应了爸爸,他要好好读书。

在兵团里,库尔班真是大开眼界。

长长的街道,结实的房子,来来往往的行人,一张张脸上流露出坦荡明媚的笑容。库尔班还看见了车子,那可真是一种奇怪的车子,只有两个轮子,人骑在上面不但显得高高大大,还稳稳当当的,而不是像库尔班担心的那样随时会摔下来,人倒车翻。

爸爸告诉库尔班,那叫自行车。

尤为吸引库尔班的是这里的市场,市场上除了见惯了的馕和手抓饭,还有一屉摞着一屉的馒头,白白的,像雪一样白,看上去特别松软。

在爸爸不断地跟他熟悉的人打着招呼时,库尔班一个劲儿地咽着口水。

爸爸终于注意到了库尔班的馋猫样儿。

"看把你馋的!"爸爸这么说着,掏钱给库尔班买了两个馒头。

第一个馒头被库尔班风卷残云般地吃了，连滋味都没来得及细品。吃第二个馒头时，库尔班吸取了教训，一点儿一点儿地吃，细细品尝。

啊，真是好吃呀，我能吃一百个！库尔班在心里说。

库尔班迷上了白馒头，迷上了普通话，迷上了方块字，迷上了兵团里的一切。以后，只要有机会，他就溜到兵团，跟兵团的孩子玩，还跟兵团的孩子交上了朋友。

兵团真是一个迷人的地方。

在这个迷人的地方，库尔班经历了好多的第一次，第一次吃大白兔奶糖，第一次吃中秋节月饼，第一次看电影，第一次看化了妆的文艺演出……

兵团总有许多的文艺演出，而且每一次演出都跟节日有关，比如国庆节、中秋节、元旦、春节。尤其在春节里，除了文艺演出，兵团的人还会贴对联，放鞭炮，踩高跷，舞狮，舞龙，划旱船，扭秧歌……

库尔班还第一次知道,兵团的人来自全国各地,来自四面八方。父亲说,兵团的人就像是一棵棵树,连根拔出来,然后栽到新疆这片苍茫大地上,汇聚成一片生机勃勃的森林。

兵团就像一扇窗子,在库尔班的眼前展现了一幅诱人而神奇的风景。

因为兵团,库尔班的童年就拐了一个弯,那一个弯使得库尔班的童年一下子变得丰富多彩了,也有滋有味了。

这一个弯还是库尔班命运改变的起点。

九岁之后,库尔班也当了"干部",并且身兼数职,班里的学习委员、劳动委员、纪律委员。

最大的财富

天还没有亮,一颗一颗亮晶晶的星星在高远而深蓝的天幕上闪烁着。天空下的大地还在沉沉地睡着,村庄、树木模糊的影子像起伏的山峦,干燥而凉爽的风从那些成片的庄稼地里悠然地走过,带来昆虫的浅唱低吟,还带来庄稼成熟后所特有的气息。

旷野里看不见一个人影。

不,是有人影的,只有一个,那是一个看上去十四五岁的少年,在一片玉米地里割玉米。

星光下,少年手中弯弯的镰刀不时闪着幽光,而一株一株的玉米在有节奏的咔嚓咔嚓声里依次倒下。

天空的深蓝渐渐地变淡，而星星越来越稀疏，村庄与树木从夜色里慢慢地走了出来，成片的庄稼也从夜色里走了出来。当天空变成宝石蓝色的时候，东方的天空被抹上了一片淡淡的粉色，鸟儿开始在枝头欢快地鸣叫，似乎在告诉那个少年：天马上就要亮了。

壮实的少年就是库尔班。

事实上，库尔班这一年只有十二岁，依然是一名小学生。这也是他第一次抓镰刀割玉米。

村里一头毛驴的嘶叫声传来，库尔班直起腰，看看天，看看身后倒下的一片玉米秆，得意地笑了，接着他得去学校上学了。

库尔班的衣服被汗水浸湿了，几乎贴在后背上。不过，没关系，风很快会吹干他的衣服，然后留下白白的汗斑。

库尔班把镰刀藏进沟坎的草丛里，放学回来他还得割一会儿玉米，然后他从地头拿起书包背上，又从里面掏出半块馕，边啃边朝学校赶去。劳动过后，那硬硬的馕嚼起来特别筋道，也特别香。

时间是掌握好的,库尔班到学校不久便是早读课。

库尔班那只抓镰刀的胳膊发胀发酸,手在握笔的时候几乎握不牢,更主要的是手心里还有水泡。但是,库尔班在同学们面前什么话也没有说,在家更是没有吐露过半个字。

库尔班已经坚持了三天。

三天里,他都是早早地出门,晚上都是天黑透了才回家。别人难免要怀疑,农忙时节也没听说过学生也会忙到这个地步呀。库尔班的借口是现成的,他是班干部,自己学习也要抓紧,忙一点儿是应该的,就像当大队队长的爸爸,他不也是早出晚归吗?

库尔班当然很累,每天晚上头一挨着枕头,就呼呼入睡,早晨也想在炕上多躺一会儿,但是看见自己的劳动能给家人减轻负担,能给这个家带来好处,这点儿累又算什么呢?

说真的,库尔班的心里只有甜蜜,是一种做了好事别人却不知道的甜蜜,这种甜蜜还有着一丝神秘色彩。

收获季节是乡下一年里农活最繁忙的时候，季节不会等人，要及时把地里的大豆、玉米收割了，然后播种上冬小麦。否则，来年一张张嘴巴吃什么呢？

如果是在兵团就好了，收割用收割机，挖地用挖土机。但是，在英阿瓦提乡这边，这一切靠的是乡下人的双手。

能为家里出一份力，那是多么好的事情呀！

父亲已经做了生产大队的大队队长，他的工作更忙了，家里的事情几乎都交给了妈妈。妈妈每天从地里回来都要叫库尔班用拳头捶一捶她的腰，两个做了中学生的姐姐只要有时间就往地里跑，她们曾经把她们的双手给库尔班看过，她们的手上都有了水泡。奶奶年纪虽然大了，但是在做了家务后，她总能挤出时间去地里。

近十口人的家里，只有库尔班和弟弟是"闲人"。

其实，论力气，已经十二岁的库尔班觉得自己的力气一点儿也不比两个姐姐小。有力气而不用，那不是浪费吗？奶奶一再说，力气这个东西用了还能长出来，不用就是懒汉。

这样，库尔班便想到了用这样的方式帮家里。

妈妈一点儿也没有想到地里的玉米是库尔班割的，她以为那是爸爸割的。爸爸尽管做了大队队长，但是只要有时间，家里的家务以及农活他一点儿也没有少做。在妈妈看来，地里被割了的玉米一准是爸爸起早贪黑割的，爸爸这么做自然是想让她少辛苦一点儿。

妈妈不可能一直被蒙在鼓里。

这一天爸爸去县里开会，直到很晚才回来，几个孩子都睡觉了，包括库尔班。

妈妈却以为爸爸开完会又到地里割了一会儿玉米。她有些埋怨地对爸爸说："你那么忙，就不用再去地里割玉米了。"

爸爸诧异地说："割玉米？我没割玉米呀？"

"今天没割？"妈妈也诧异了。

"今天没割。"

"昨天呢？"

"没割。"

"前天呢？"

爸爸把手插进粗硬的头发里,歉意地说:"没割呀,我真抽不出时间来!"

"这就奇怪了,那是谁割的呢?难不成还真有仙女帮了咱们?"

"你还信仙女?"爸爸笑着说。真有仙女,她凭什么帮他们家,而不帮别人家?再说,干旱时,庄稼生虫子时,风沙来袭时,仙女又到哪儿去了?

妈妈便把事情告诉了爸爸:她每天到地里,都会看见玉米地被割了一大片,看样子是利用早晚的时间割的,已经有几天了,她一直以为是爸爸割的。

爸爸奇怪得不行:"我真没割呀,那会是谁割的呢?"

和妈妈面面相觑了一会儿,爸爸认真地说:"这事一定要搞清楚,我们可不能占别人的便宜!"

爸爸真正的意思是他虽然做了大队队长,但是他绝不会要别人替他们家劳动,他也不会成为这样的干部。

妈妈皱着眉头，忽然想到了什么，去了库尔班的房间。在妈妈小心翼翼地抓起库尔班的手并摸了摸他的手心时，库尔班的手哆嗦了一下，还"哎哟"叫了一声。

库尔班醒了，立刻缩回手。

妈妈顿时明白了。库尔班的手心有水泡，那应该是镰刀的柄磨出来的。也就是说，不声不响在地里割了玉米的人不是别人，是库尔班。

妈妈还没有开口，库尔班就解释说："妈，我没有割玉米，水泡是在学校打扫卫生时不小心磨的。"

打扫卫生能把手磨出水泡来吗？打扫卫生有那么大强度吗？库尔班的这句话相当于"此地无银三百两"。

妈妈嗔怪道："你以为妈妈傻呀？你说说，这几天你的衣服哪来那么多汗斑？你的鞋子怎么总是那么脏？"

见瞒不了了，库尔班嘿嘿笑着，拿爸爸来给自己开脱："爸爸不是经常说嘛，劳动最幸福，只要愿意劳动，想要什么就有什么！妈妈，告诉你，我一点儿也不累，我幸福着哩！"

此刻，库尔班真的感到很幸福，他由衷地觉得：一个人要是不爱劳动，那他吃什么，穿什么？一个人只有好好劳动，才吃饭香甜，睡觉踏实，日子过得安心。

"好，这才是我们尼亚孜家的孩子！"爸爸欣慰地说，大手在库尔班的头上疼爱地摸了摸。

爸爸这一生最大的财富就是热爱劳动，就是这个家里面的每一个人都爱劳动。他要是不热爱劳动，那年也不可能蹚过托什干河。

劳动也是成年后的库尔班最大的财富。

即使后来上了大学，库尔班每次放假回来，还要到地里劳动，挖地啦，割麦子啦，掰玉米啦，甚至还放羊，放牛。

库尔班对自己说过这样一句话："在学校，你是学生。回到家里，你就是庄稼汉！"

人生不是一件"的确良"

到底是从哪一天开始的呢?库尔班自己也说不清。

库尔班清楚的是他忽然喜欢上照镜子了,喜欢看镜子里那个十五岁的少年,那个少年拥有一头天然卷发,黑亮黑亮的。他的那一双明亮、清澈的大眼睛闪烁着自信,坚挺的鼻子下面嘴唇饱满……

无论怎么看,他都是一个帅气的少年。

库尔班有理由自信。他可不只是帅气,他学习成绩优异,有一副热心肠,老师同学都喜欢他。

在英阿瓦提乡中学,库尔班算是"名人"。

喜欢上照镜子后，库尔班的身上还发生了一种显著的变化，那就是换洗衣服勤了。过去，他每一次换洗衣服都要等妈妈喊，妈妈不喊，那么衣服就一直穿在身上，最长纪录是一身衣服在库尔班的身上穿了一个半月。

如今库尔班三两天就把衣服换了，而且是自己洗。这样，库尔班身上的衣服总是干干净净，脏的衣服，破的衣服，不再随便穿到身上了。

当然，劳动的时候例外。

这一年放暑假之前，校园里石破天惊地出现了第一件传说中的"的确良"。

穿"的确良"是改革开放初期的一大时尚，往往也表明穿"的确良"的人至少不是寻常之辈，所以，能拥有一件"的确良"，绝对是一件风光的事情。

那是一件雪白色的"的确良"衬衫，穿"的确良"的那个男生还把下摆扎在裤腰里，显示出一种惊艳的效果。

那个男生平常并不是多么出众，但是在那一天，全校同学都记住了他的名字。在同学们或羡慕或嫉妒的目光里，那个男生脸上一颗颗的小痘痘都显得红艳艳的，几乎要飞出去。

库尔班一下子对"的确良"动心了。

要不要跟爸妈提出来他想买一件"的确良"呢？库尔班脑中只是闪过这个念头，就果断地把它掐灭了。

一个热爱劳动的孩子，怎么能为一件"的确良"跟爸妈伸手要钱呢？

暑假一开始，库尔班就去了建筑工地做小工，工钱是一天八毛钱，什么活都做，打土坯、和泥、递砖头……

库尔班并没有告诉任何人他为什么去做小工。

库尔班一共挣了十二块钱，这笔自己劳动挣来的钱最终变成了一件"的确良"衬衫，穿到了库尔班的身上。

为这件"的确良"，库尔班晒黑了皮肤，磨破了手，脚背还被砖头砸伤过。

库尔班一点儿也不后悔，在穿上"的确良"的那一刻，库尔班的心里只有成功的喜悦。

对于库尔班的"的确良"，两个姐姐和弟弟的

人生不是一件"的确良" 33

评价是"臭美",虽然他们也喜欢"臭美"。尤其是两个姐姐,她们都有了好看的围巾,就像兵团里面女孩子围的围巾一样。

妈妈的评价是:"哦,我们家的库尔班长大了!"

爸爸的话听上去却像是警告:"别把心思放在衣服上,要好好读书,有本事考进乌什县的第一中学!"

县城的第一中学是乌什县最好的中学,能在那里读高中,是许多学生梦寐以求的愿望,而英阿瓦提乡中学每学期能考进县一中的就那么三五个。

私下里,爸爸跟妈妈说过库尔班的"未来":他要是能考上高中,那自然让他继续读下去。要是考不上,那就回来种地,放牛羊。

乡下孩子都是这么走过来的。

不过,库尔班自己也想过那个"未来",真要是没有考上高中,那他就回来做木匠。

相比于种地,库尔班更喜欢做木匠,能让一根根木料在自己的手上变成一件件精美的家具、农具，那无疑是件很有意思的事情。

库尔班丝毫没有想到他的生活里会出现一个女孩，这个女孩俨然在库尔班面前又打开了一扇窗子。

认识那个女孩很偶然，还是在这一年的暑假，在兵团看电影的时候。那天放的电影是《闪闪的红星》，库尔班和村里的孩子早早就去等候了。

在看电影的过程中，发生了这么一个小插曲，库尔班身后有一个女生喊："前面的那个大个子同学，你能不能把头低一点儿？我们看不见了。"

库尔班意识到说的是他，一定是他挡住了后面人的视线。库尔班朝身后扭了一下头，看见一个女孩子对他说："说的就是你呢！"

库尔班的脸热了一下，忙低了低头，并且在看电影的过程中一直佝偻着腰。

电影散了，库尔班的脖子发酸，腰都僵硬了。同伴中一个孩子告诉他，那个女孩叫刘诗雨，是兵团那边的，她的爸爸妈妈都是上海知青。

对于上海，库尔班一无所知。

回村的路上，库尔班的脑子里一直萦绕着女

孩好听的声音，那也是他听过的最好听的普通话声音。是不是因为来自上海，她的声音才那么好听呢？

很快，库尔班再次见到了刘诗雨。

那是一次从兵团回家的路上，库尔班忽然听到身后响起一串自行车丁零零的铃声，他闪到路边，想不到自行车却在他的身边停了下来。

竟然是刘诗雨。

"你就是库尔班？"从自行车上下来的刘诗雨偏着头问。

库尔班拘谨地点了点头，心里想到了汉字里的一个词：亭亭玉立。

刘诗雨就是一个亭亭玉立的女孩，她的皮肤很白，似乎新疆热烈的阳光奈何不了她似的。她上身穿的是粉色"的确良"，脑后扎着库尔班很少看见的马尾辫，马尾辫上系着紫色的蝴蝶结。在看着库尔班的时候，她的眉眼里透露着沉静，沉静中又带了一些俏皮，整个人像是从画里面走出来的一样。

"我看见过你爸爸。"刘诗雨说，"我也看见过你。"

这也正常，库尔班的爸爸经常要去兵团那边，他也经常去兵团那边玩。

接着刘诗雨推着自行车跟库尔班一起往前走着。库尔班很想说"你先走吧"，但是，他没好意思说，怕自己的普通话说得不好。

刘诗雨并不介意库尔班不说话，她告诉库尔班，她初中毕业了，已经参加庄稼地里的劳动了。她还问了库尔班的年龄，原来她比库尔班还大两岁。

"那你以后得叫我小雨姐！"刘诗雨开玩笑地说。

库尔班是一个实在的孩子，以后见了刘诗雨还真的叫她"小雨姐"。

"小雨姐"一下子拉近了两个人之间的关系，况且他们都是爱劳动的孩子，自然容易走在一起。

库尔班心里承认他喜欢跟刘诗雨在一起，喜欢她身上散发出来的淡淡香味，那是洗衣服时香皂留下来的。他喜欢听刘诗雨用普通话介绍上

中华先锋人物故事汇 **库尔班·尼亚孜**

海，在库尔班的眼里，上海是一个遥远到他一辈子也不可能去的地方，但是通过刘诗雨的描绘，上海的弄堂、大商场、外滩、黄浦江……仿佛一下子来到了他的眼前。

毫无疑问，上海完全不同于英阿瓦提乡，也完全不同于兵团。上海是一个大都市，充满着现代文明和气息。

有一天，库尔班看见刘诗雨在地里割麦子，他什么话也没说，就去帮刘诗雨割麦子了。尽管比库尔班大两岁，但是刘诗雨的力气明显不如库尔班。

从麦地回来的路上，库尔班骑着刘诗雨的自行车，而刘诗雨则疲惫地坐在自行车的后座上。

快到住地时，自行车后面的刘诗雨说："我要回去上高中了，我还要考大学！"

刘诗雨说得那么风轻云淡，又是那么肯定，就好像考上大学对她来说是一件手到擒来而又理所当然的事情。

接着，刘诗雨又说："库尔班，希望你将来也能考上大学！"

库尔班想也没想，就响亮地答应了。

"说话可要算数！"刘诗雨笑着说。

"说话算数！"库尔班的话里透着一股坚定。

暑假快结束的时候，库尔班再也没有看见刘诗雨，她应该是回上海读高中了。

在以后的日子里，库尔班常常在心里想象，在那个遥远的上海，在某一间窗明几净的教室里，坐着一个名叫刘诗雨的女孩，他曾叫她"小雨姐"，她在刻苦地读书，做作业，然后她如愿以偿地考上了大学。

"人生不是一件'的确良'！"库尔班告诫自己。他能凭自己的能力拥有一件"的确良"，为什么不能考入大学呢？

后来，库尔班以一种玩命的劲头读书，甚至每次放假回来都没有去地里帮着干过农活。

付出努力终有回报，库尔班初中毕业后顺利地考入了乌什县最好的中学——乌什县第一中学，他将在那里读两年高中。

再后来，也就是一九八二年，十九岁的库尔班成为镇上第一个大学生，考入新疆大学中文系，他将以大学生的身份走进新疆维吾尔自治区首府乌鲁木齐。

乌鲁木齐是一个连爸爸都没有去过的地方，更不用说库尔班了。

选择中文系是很自然的事情，跟他童年对兵团的迷恋，对普通话的迷恋，对方块字的迷恋有关，也跟刘诗雨的上海有关。

至此，库尔班真正明白了父亲说的"读好了书，你就能走得很远很远"这句话的含义了。

恐惧

大学毕业，库尔班成了阿克苏职业技术学院的一名国家通用语言教师。

对于外人来说，库尔班不但做了城里人，还做了大学的老师，那可是响当当的"铁饭碗"呀，足以令人羡慕了。

即使库尔班自己，也觉得他做了一次非常好的选择。当时整个新疆地区懂国家通用语言文字、说普通话的人非常少，维吾尔族能教国家通用语言文字的老师就更稀少了，因而当库尔班第一天走上讲台，他就忍不住把自己的名字用汉字大而有力地写在了黑板上，看着学生投向他的崇敬的目光，他是自信的。

然而，后来的库尔班却感到了不安，这种不安是一天天积累起来的。

比如，课上得好好的，忽然有学生说："库尔班老师，刚才这一个字您上一次说读的是翘舌音，可是这次您没有读出翘舌音呀！"

比如，一下课，就有学生来到他面前说："库尔班老师，汉字的书写是不是可以不用那么严格按照笔顺来写呀？我看您就是这样的。"

比如，库尔班正上着课，讲台下面的学生冷不丁笑起来，原来是库尔班读错了一个并不生僻的字。

……

像这样微不足道的小事几乎每天都会发生。

后来还发生了一件小事。

那天，库尔班快要走进教室的时候，听见一位男生说了这样一句话："我们库尔班老师最好再请一个翻译，把他的普通话再翻译成更标准的普通话。"

库尔班不得不站住。等教室里的一片哄笑声平息了，才装作什么也没有听见一样走了进去。

只有库尔班自己知道，他的心里说不出的难受，学生的那一句话犹如抽了他一记耳光。

那位男生的话说错了吗？当然没有，在课堂上不止一次有学生要求他把说过的话再说一遍，原因是他们没有完全听明白他的话。造成这样的局面跟库尔班的语速有关，讲课的语速要是慢一点儿，效果还好一些，当语速快起来，库尔班的普通话就会带上维吾尔语的口音了，听起来也有些费劲了。

不能说库尔班没有尽力，更不能说库尔班是一个不称职的老师。最初的汉字、普通话是库尔班从爸爸那里学习来的，是从兵团那边学习来的，属于自学，而没有经过严格、正规的训练。后来在大学里虽然经过了系统的学习，但是依然没能弥补先天的不足。

当这种不安积累到一定的程度时，库尔班的心里有了恐惧。

以后每一次走向教室，他的脚步不再矫健；每一次站到讲台上，他便在心里提醒自己：今天千万别写错字，也千万别读错字！

库尔班最害怕的是课堂上突然出现一个连他都不认识的字。

事情就是这样,越是怕错,越容易出错。

库尔班感到了别扭,走进教室感到别扭,走出教室也感到别扭,当初做老师的那种自信也如落花流水般地去了。

事实上,库尔班已经做得非常出色了,至少在当时当地,能把普通话说得像他那么流畅的人几乎是凤毛麟角。而且,学生都喜欢他这位亲切、风趣、好学、平易近人、充满活力的老师。

库尔班本可以忽视自己的那些不足,可以心安理得地端着"铁饭碗",世界上本没有十全十美的人呀。

然而,库尔班是一个追求完美的人,在做老师之前,他对自己的要求是:做一个好老师,做一个被学生喜欢的老师,做一个问心无愧的老师。

他无法容忍自己写出不规范的字,还有说出不规范的普通话。他更不想给自己找借口。一个老师如果耽误了学生的学业,那可能会毁了他们一辈子。

他能拿学生的一辈子开玩笑吗？学生满怀热情学习国家通用语言文字，他们岂能不拥有最好的老师？那些天里，库尔班寝食难安，内疚、尴尬、忐忑不安交织在他的心里，然后一个问题悄悄冒了出来：接下来你打算怎么办呢？

库尔班可以转岗，去学校资料室啦，去学校图书室啦，甚至可以去做一些教务工作。

但库尔班不想这样，又不想耽误学生，那就出去走一走吧。库尔班心里生出了这样一个念头。

为什么不呢？他已经走出了英阿瓦提乡，为什么就不能再走出新疆呢？中华大地还有许许多多的地方他没有去过，比如首都北京，比如刘诗雨所描述的上海。

于是，库尔班以身体出了点问题为借口，给学校打了辞职报告。

想不到和蔼可亲的校长竟然这样对库尔班说："现在改革开放了，可以停薪留职。你也不要说辞职的话，你要是真想出去走走，我给你两年时间，到时候你想回来了，我们随时欢迎！"

校长的话在库尔班的心里荡起一股暖流。以后，库尔班一再对别人说，他感谢改革开放，感谢这个伟大的时代。没有改革开放，就没有他的今天。

当然，对那位可亲的校长，库尔班一直心存感念。

库尔班终于走出了新疆，那一瞬间的感觉就像鸟儿飞到了广阔的蓝天。他热爱新疆，他更热爱祖国，对于这个"第一次"，他热切地用眼睛去看，用火热的心去感受，"幅员辽阔""地大物博""山河壮丽""人杰地灵"这些书本里的词语不再只是抽象的词语，而是一个个活生生的可感可触的形象。

"哦，真该早一点儿出来走一走，看一看！"这一路，库尔班把这句话说了无数遍。

库尔班还感受到了新疆与内地的差距。

库尔班多么希望能有更多的新疆人到内地来走一走呀，看看那些拔地而起的高楼大厦，看看那些宽阔平坦的马路，看看街头那些穿着时尚的男女，看看那些容光焕发忙着做生意的人……

年轻的心总是不甘寂寞的。在停薪留职的最初两年时间里，库尔班去了许多地方。

走出新疆的库尔班不再是过去的那个库尔班了，他也做起了生意。回到家乡后，他在镇上开了批发店、超市、药店，经营的方式都是从内地学习来的，并且取得了成功，似乎他天生就具备做生意的能力。

库尔班的身上发生了很大变化，但是家乡依然还是那个家乡，人们依然只知道家里的几亩地、几只羊，以为世界就像他们眼里的镇子。

"你们出去走走呀，出去看看呀！"库尔班对许多人这样说过。

"走啥呢？看啥呢？还有比我们这里更好的地方吗？"许多人这样对库尔班说。

长久积累起来的习惯、观念，可不是一句话就能轻易改变的，改变它们要比改变贫穷更难。

在许多个夜晚，库尔班会忽然想起阿克苏职业技术学院，想起他的学生，觉得自己做了一个逃兵。

他原本可以让他的学生掌握国家通用语言文字，然后走出新疆，走得很远很远。走得很远很远了，他们的眼界就开阔了，心胸就宽广了，就真正知道"中国""祖国"的概念了，就真正知道为什么说"新疆人，内地人，都是中国人"了。

他们要是获得了改变，就可以过上与他们的祖辈父辈不一样的生活了。

可是，库尔班还能做什么呢？

豁出去

一个十来岁的小女孩跟在她年迈的奶奶身后,一双明亮的大眼睛好奇地打量着镇子。不过,只要发现有人看她,女孩就立刻把头低下。

祖孙俩经过库尔班身边的时候,库尔班发现了异样:女孩的脸上长了许多水痘。

显然,女孩不想让别人看见她脸上的那些水痘。

库尔班好意地对老奶奶说,孩子脸上的水痘要及时看医生治疗,否则会在孩子漂亮的脸蛋上留下痕迹。

"我奶奶说……"孩子的话还没说完,就被奶奶生硬地拉到了一边,同时奶奶白了库尔班一眼，大声斥责说："看啥医生？我的孩子长得太漂亮了，被人嫉妒，遭了诅咒才这样的！"

库尔班不由得惋惜地叹息了一声：都九十年代了，居然还有人抱着这样的想法！

可以预见，那个女孩如果不读书，如果不出去走一走，看一看，她将成为什么样的人？

……

库尔班想起这件小事的时候，他的心里已经开始涌动着一个念头：他能为家乡做点什么呢？

就像爸爸那样，作为基层的一名共产党员，爸爸一心扑在工作上，是那种为大家舍弃小家的人。

库尔班又遇到了一件小事。

二〇〇二年十二月的一个早晨，在去乌什县城的班车上，库尔班看见了三个背书包的小学高年级学生。库尔班好奇地问他们这是去哪儿，孩子们骄傲地告诉他，他们是去县城的学校学国家通用语言。

有一个孩子生怕库尔班听不懂他们的话，就详细地告诉他，他们在学校怎样认汉字，怎样写汉字，怎样说普通话。那个孩子还用普通话对库尔班示范性地说了一句话："我们的首都在北京，我们爱北京天安门！"然后，又用维吾尔语说了一遍。

当库尔班直接用普通话跟孩子交谈时，三个孩子大为惊讶。

"啊呀，您普通话说得比我们好呀！"一个女孩子说。

库尔班很想告诉他们，他曾经是阿克苏职业技术学院的一名国家通用语言教师。可是话到嘴边，又被库尔班咽了回去：假如孩子问他怎么不再做老师了，他能说什么呢？

这件事犹如一道曙光，一下子把库尔班的心扉照亮了：我为什么不在家乡办一所国家通用语言学校呢？

要是有了这样的学校，等于他重新做了老师了。

要是有了这样的学校，那么家乡就有更多的孩子有机会学习国家通用语言了，并且通过学习，接受中华文化的熏陶，增强他们对祖国的热爱。文化通了，心灵才能更好地相通，中华民族大团结才有深厚的根基。

要是有了这样的学校，那么孩子们就拥有了一把开启未来的新钥匙，以后他们会有更多的机会和条件走出新疆，去更广阔的天地看一看了。

学习国家通用语言文字，就应该从孩子抓起呀。这样的孩子长大了，绝不会认为脸上的水痘是遭了别人的诅咒引起的。

库尔班为自己的这个念头激动得不能自已，他恨不能立刻下车，回家跟爱人商量这件事。

说是"商量"，但是爱人从库尔班的眼神里看出来，他已经拿定了主意，不过是跟自己通报一声罢了。库尔班的爱人是小学老师，是一个通情达理的女人，许多时候都是库尔班坚定的支持者。

不过，这一次她沉默了很久，毕竟创办一所学校不是像去超市购物那么简单，她表达了她的忧虑："你说的那些好处我都能理解，但是拿出所有的积蓄，创办一所完完全全的民办国家通用语言学校，这是从来没有人做过的事情，放在整个自治区也没有,既没有经验可以借鉴,也没有相关的国家政策,你就不怕钱花了,力气出了,到头来是竹篮打水一场空?学习国家通用语言文字需要热情,需要氛围,你就不怕维吾尔族的乡亲不理解吗?为什么一定要强调国家通用语言学校?能不能把国家通用语言文字当作'点缀',一周教那么一两节课?"

爱人的忧虑其实是害怕,害怕库尔班辛辛苦苦挣的钱打了水漂儿,害怕出力不讨好。如果库尔班想经商,他可以继续经商;如果愿意回到阿克苏职业技术学院,他可以继续做老师。这样,一家人尽可以过安稳踏实的日子。

"要办我就办一个完完全全的国家通用语言学校!"库尔班决然地说,"这个世界上有许许多多的事情都是别人从来没有做过的,总得有第一个吃螃蟹的人呀!你不用害怕,钱要是花了,学校却没有办成,那我就继续经商,你尽可以过你的安稳日子!"

当办学的念头一产生,库尔班就已经豁出去了。

"行,我过我的安稳日子,"爱人好脾气地笑笑,"你就把我的话当是提醒,当是把可能遇到的各种困难提前跟你说了,你也好有一个心理准备,是不是?"

库尔班不由得点了点头,他知道爱人的话是有道理的,而且他很快就会知道,还真多亏了爱人的提醒。

女儿克迪亚那一年已经是阿克苏市第二小学的一年级学生,当她听说爸爸要办一所国家通用语言学校,跺着脚说:"爸爸,你为什么不早一点儿办?你要早一点儿办,我就在你的学校学国家通用语言啦!"

克迪亚可算是国家通用语言文字迷,她不但会说普通话,还认识了好多汉字,也会写好多汉字。

库尔班乐呵呵地看了看爱人,对克迪亚说:"还是我们家的克迪亚理解爸爸!克迪亚,你虽然错过了爸爸的学校,但是会有更多的维吾尔族孩子有机会在爸爸的学校学国家通用语言呀!"

克迪亚的那张嘴巴简直就像是小喜鹊的嘴巴,

一天不到的时间，就有许多孩子知道他爸爸要创办一所学校了，一所专门学习国家通用语言的学校。

克迪亚免费替爸爸做了广告。

"你看，那么多人都知道了，我还能怎么办？"库尔班对爱人说。

"行了，别找借口了，你就办吧，别半途而废就行！"

库尔班明白，别看爱人的话说得随意，但是她支持办学的态度已经清楚地摆在那里了，他唯有用成功来回报亲人的信赖。

库尔班开始忙碌起来，提出申请，选校址，打制桌椅板凳，招聘老师，制订教学计划，制定规章制度，等等。

校址就选在依麻木镇的玉斯屯克和田村的拖拉机站仓库。

相对于英阿瓦提，贫穷、落后的依麻木镇更需要这样的一所学校。尽管库尔班生在英阿瓦提，长在英阿瓦提，但依麻木镇也是他的故乡，这是他对故乡的回报。

学校的名字叫：依麻木镇国家通用语言小学。

为什么要在校名里强调"国家通用语言"几个字呢？

库尔班很坚决地说："我就是要强调这几个字！我们要理直气壮地教国家通用语言文字，所有的学生都要理直气壮地学国家通用语言文字！"

库尔班掏出了家里所有的积蓄，一共六十万元多一点儿。

这也是一种豁出去的行为。在当时，这可是一笔巨款，如果在镇上买房子的话，可以买三十套；如果在乌鲁木齐买的话，可以买十几套，而且还是好地段的房子。

可是，当一切有条不紊地行动起来，库尔班才知道六十多万元还是太少了。

有一件事是幸运的，镇党委给予了库尔班大力支持，并且允许他免费使用作为校址的地皮。为此，库尔班在心里给自己鼓劲：有政府的支持，我还不能把学校办起来吗？

给库尔班鼓劲的，还有一个叫阿迪兰的女孩子。

我就是要上学

二〇〇三年这一年,阿迪兰到了入学的年龄。阿迪兰从来没有想过自己有一天会走进学校读书,而且学的是国家通用语言文字。

阿迪兰是家里最小的女孩子,她的前面有两个哥哥,还有一个姐姐,他们谁也没有上过学、读过书,他们的命运是看得见的,就是放牛,放羊,然后种地。再然后呢?再然后他们长大了,成家了,生孩子了,等待孩子的依然是放牛,放羊,种地。

乡下许多人就是这样走过来的,似乎不用奇怪。

阿迪兰的家离拖拉机站仓库很近,一里路都

不到。

放牛，放羊，种地的活儿，暂时还轮不到阿迪兰，阿迪兰就经常跑到拖拉机站仓库来看拖拉机，这也是她重要的"娱乐节目"。她非常好奇那些拖拉机靠吃什么东西能跑得那么有劲，还能犁地，还能把粮食从地里运回来。阿迪兰的脑子里甚至产生过这样的想法：等长大了，她可不可以开拖拉机呢？

不过，阿迪兰又害怕拖拉机，这么一个大家伙，要是发了脾气，不听她一个女孩子的话，那可如何是好？

在阿迪兰纠结于长大了是不是开拖拉机的时候，有人来清理拖拉机的仓库了，把仓库里面乱七八糟的东西统统搬了出来，然后给房子修修补补，给房子里里外外刷上了白白的石灰水，房顶也加固了，还做了防水措施。

"叔叔，你们这是做什么呀？"这一天午后，看热闹的阿迪兰忍不住问了，被问的人恰好是库尔班。

库尔班告诉阿迪兰，这里以后就是一所学校，一所教孩子学习国家通用语言文字的学校。

"你叫什么名字呀？想不想来上学呀？"库尔班问阿迪兰。

阿迪兰想也没想就说："我叫阿迪兰，我想上学！"

阿迪兰其实很羡慕那些背着书包去中心小学上学的孩子，那些上了学的孩子会说一些她从来没有听过的话，他们会唱一些她从来没有唱过的歌，即使他们做的游戏也让阿迪兰感到新奇。学校都来到她眼前了，阿迪兰怎么会不想上学呢？

当然，阿迪兰知道这件事不是她说了算的，还得需要爸妈同意。于是，阿迪兰像兔子一样跑了，她一直跑到在地头干活的爸爸妈妈跟前。

"爸爸，妈妈，我要上学！我要上学！"阿迪兰上气不接下气地说，然后嘴巴噼里啪啦地把拖拉机站仓库要变成学校的事说了。

爸爸妈妈也不清楚阿迪兰说的话是不是真的，便敷衍她说："好好好，上学，上学！"

阿迪兰却当了真，立刻转身又跑了。她一口气跑到拖拉机站仓库，欢欣地对库尔班说："叔叔，我爸妈答应我上学了！"

库尔班高兴地说："好呀，欢迎阿迪兰同学！"

如果阿迪兰的话是真的，那么阿迪兰将成为国家通用语言小学的第一个学生。这是一个好兆头，库尔班有理由感到高兴。

阿迪兰却看着库尔班，一下子愣在了那里：叔叔刚才分明叫的是"阿迪兰同学"，也就是说她已经是学校的学生了。

阿迪兰马上又咧开嘴巴笑了。阿迪兰变成"阿迪兰同学"这是多么奇妙的变化呀！

以后阿迪兰几乎每天都来，她恨不能立刻像所有上学的孩子那样背着书包，走进学校。既然都是"阿迪兰同学"了，阿迪兰就不可能站在那里看，只要有她做得了的事情，她会毫不犹豫地上前去做，拎一桶水啦，递一块砖头啦，帮着擦擦窗户啦。在做这些事情的时候，阿迪兰心里有着说不出的快乐。

阿迪兰还把她每天看到的告诉爸爸妈妈。

爸爸妈妈终于意识到阿迪兰是认真的，他们

有些后悔了，后悔那天答应得太轻率了。在正式做出决定之前，爸爸妈妈去拖拉机站仓库看了看那个正装修着的学校，也见到了阿迪兰口中所说的那个"叔叔"库尔班。

按说，学校办到家门口了，应该让阿迪兰上学。

按说，这么一家子人里面应该有一个读书人。

从拖拉机站仓库回来的路上，阿迪兰的妈妈问爸爸："你看呢？"

爸爸的眼睛躲闪着妈妈的目光，嘟哝着说："小丫头呀。"

妈妈一下子明白了爸爸的意思：阿迪兰是一个女孩子，花钱给一个女孩子读书，等她学了文化，以后却是人家的媳妇。

妈妈也干脆，说："那就算了。"

"那就算了。"爸爸说。

不读书又怎么样呢？不读书日子还是那么春夏秋冬地过。不会说普通话又怎么样呢？不会说普通话，他们照样吃饭，睡觉，干农活。虽然祖祖辈辈就生活在依麻木镇这么一个地方，虽然一家人连乌什县城都没有去过，但是他们总能找到让自己知足的理由：他们的日子跟别人的日子没什么区别呀，别人吃的是馕，他们吃的也是馕；别人住的是土坯平房，他们住的也是土坯平房……

当然，真要让一个孩子读书的话，那也应该是一个男孩子。要怪就怪没有早一点儿把学校办起来，早一点儿办起来，那就另当别论了。

回到家，妈妈把他们的意思跟阿迪兰说了。

阿迪兰听了，立刻"炸"起来，跺着脚喊叫着："你们骗人，你们骗人，我就是要上学，我就是要上学……"

阿迪兰哇哇大哭起来。

光哭肯定解决不了问题，阿迪兰去搬救兵了，救兵就是库尔班。

库尔班来到阿迪兰的家，问明了缘由，严肃地说："不是我批评你们，都什么年代了，还说出这种话！谁说女孩子就不能读书了？"

库尔班问阿迪兰的哥哥姐姐："你们想不想去乌什县看看？想不想去阿克苏看看？想不想去乌

鲁木齐看看？一定想吧？"

那几个孩子的眼神告诉库尔班，他们是想的。

"我知道你们想，甚至你们的爸爸妈妈也想，但是你们没有文化，你们不敢走出去，没有文化的你们，在外面就是两眼一抹黑！"

库尔班的这几句话算是说到一家人的心里去了。他们不是没有想过走出去看看，几个孩子心底其实并不甘心跟自己的爸爸妈妈一样过那样的生活。

他们开始帮着阿迪兰求情了。

"让小妹去上学吧！"

"小妹上学了，家里也算有了读书人！"

"以后小妹说不定还能教我们说普通话呢！"

爸爸妈妈终于改变了主意，决定让阿迪兰去上学。

阿迪兰虽然很开心，但她还是不能完全放下心来，生怕节外生枝，生怕爸爸妈妈突然变卦。她只好去催库尔班叔叔快一点儿，快一点儿把学校办起来，快一点儿让她背上书包坐进教室里。只有坐进教室里了，那才是真的上学了，也只有到那时候,她的那一颗总是悬着的心才能踏实。

　　破败的拖拉机站仓库在阿迪兰热切的目光里,一天一个样儿,终于变成了一所学校,一所在阿迪兰眼里无比漂亮的学校。

　　当然,阿迪兰也认识了学校的老师,一共有三位,都是年轻、美丽的女老师,亲切得就像大姐姐一样。

　　尤其让阿迪兰感到惊喜的是,学校里还有滑梯,还有彩色的、会转动的蘑菇亭。就冲这两件新奇的东西,阿迪兰也得热爱这所学校呀!

　　阿迪兰迫不及待地等着九月一日的到来。

小挫折

出发前，李永红老师充满了信心。

李永红觉得那些孩子和家长看见他们，一定会热烈欢迎他们，并且把他们当作尊贵的客人，当地人总是那么好客，然后村里的那些大人就会争着把孩子送到学校来读书。

李永红是依麻木镇国家通用语言小学的第一位老师，她是兵团的第二代，毕业于新疆大学汉语言文学专业。看到库尔班的招聘启事，李永红就来应聘了。她一点儿也不介意库尔班的国家通用语言小学是民办小学，敢于创办这样一所小学，本身就是一件很了不起的事情，况且她喜欢做老师，喜欢跟孩子们在一起。

这一年，李永红老师是一个五岁孩子的母亲。

想起爱人的那些提醒，库尔班对李永红老师说："李老师，即使乡亲们不欢迎我们，我们也不能因为一点儿小挫折就气馁，是不是？"

李永红爽朗地笑着说："那当然！"

同行的汪老师也兴奋地说："那当然！"

库尔班不敢兴奋，他的心里只有忐忑，他预感到他们可能会遇到小挫折。

三个人到了村里，他们拉起事先准备好的横幅，大红色的条幅上面用维吾尔语写着一行金色大字：依麻木镇国家通用语言幼儿园欢迎你。

国家通用语言小学一开始是以"幼儿园"的名义招生的，这是库尔班调研后做出的决定，乡下孩子都没有上过幼儿园，作为最初的学生，他们得首先从幼儿园的教育开始，逐渐过渡到小学教育。

在灿烂的阳光下，横幅被风吹得呼呼响，一下子渲染出了一种热烈的气氛。很快有孩子来了，大人来了，还来了一条懒洋洋的小狗，大概它刚从树荫下走出来，眯眼看了看横幅，打了一

小挫折

个喷嚏。

李永红期待的场面并没有出现。

听了库尔班热情洋溢的介绍，那些原本漠然的眼睛里闪过好奇，闪过疑惑，闪过戒备，似乎他们是江湖骗子，来骗大家财物的。

看到村里人警惕的目光，李永红的信心不由得丧失了许多。

汪老师也下意识地站到了库尔班的身后。

库尔班在用维吾尔语跟村民说话。

李永红和汪老师听不懂他们在说什么，她们只看见库尔班一开始微笑着，语速也比较慢，但是说着说着，库尔班的脸涨红了，说话的语速快起来，而且声音也越来越大，右手还挥舞着，这哪像是请学生上学的样子呀？

结果是，他们没有招到一个学生。

回去的路上，李永红和汪老师都闷闷不乐。

库尔班也只是埋头走路。

这可不是小挫折呀。

对于这样的结果，应该在库尔班的意料之中。尽管已经进入了二十一世纪，但是在一个维吾尔族占百分之九十九点四的南疆农村，绝大多数成年人都不会说国家通用语言，也没有机会跟汉族人接触，他们中的许多人去的最远的地方就是附近的村子和镇上。要村里人一下子接受他的国家通用语言小学，未免太天真了。

汪老师想到一个问题："库尔班校长，我们还去不去下一个村子了？"

汪老师的意思似乎是下一个村子不用去了，去与不去，结果肯定是一样。

李永红代替库尔班说了："不去怎么办？学生也不会自己来上学。"

在李永红看来，学校已经办了起来，总不能让那些窗明几净的教室空在那里呀。

汪老师叹了一口气："要是一个学生都没有怎么办？"

"阿迪兰不是学生吗？"李永红说。

"要是都像阿迪兰就好了！"

听着两位老师的对话，库尔班醒悟过来，作为一校之长，在老师面前他一定不能率先泄气。再说，出现今天的结果，爱人不是事先提醒过他了吗？库尔班强作笑颜地说："虽然刚才没有招到一个学生，但是已经有孩子的家长说了，他们要好好考虑考虑，等考虑好了，会把孩子送到学校来。走，我们去下一个村子！"

"库尔班校长，刚才你跟村民说了什么呀？跟吵架似的。"汪老师好像还是不放心。

库尔班连忙说："哪会吵架呀？我们就是说话的嗓门大了点。"

库尔班是不可能把村民的原话告诉她们的，那些话有的连库尔班都受不了。有的家长担心老师不能真心真意对待他们的孩子，有的家长说库尔班就是骗子，办学校是假的，等土地升值后，要卖出去挣钱……

其中有一个孩子明确地对他的爸爸说，他要上学。

谁知那位父亲竟然对孩子说："他们要是把你拐卖了，你都找不到回家的路！"

到后来，有的话就变成了嘲笑与责骂。

再到下一个村子，库尔班改变了策略，他们不再悬挂横幅了，悄悄地进村，悄悄地走进每一户农家。家里有学龄孩子的，就留下来；没有的，就赶往下一家。

库尔班也对两位老师提出了要求："你们要微笑，别绷着脸呀，特别是对孩子要亲切。至于大人嘛，你们不用担心。"

库尔班心里非常清楚，只要交流顺畅了，彼此之间完全可以建立相互信任的关系，那两年在内地的经历，就让他结交了许多朋友。

库尔班还临时教了两位老师几句维吾尔语，到时候用于跟大人孩子打招呼。

这一次库尔班不再大嗓门了，他用自己做例子，讲学习国家通用语言文字带来的各种好处，讲他在内地的"走一走、看一看"，讲他为什么要创办这样一所学校。

"学习国家通用语言文字，就是为了开阔孩子的眼界，让孩子以后有机会走得很远很远。一个人能走得很远很远，他就慢慢知道怎么去改变自己了，就知道自己想要什么了……"库尔班真是苦口婆心。

库尔班并没有要孩子的父母立刻做出决定，

他请他们先到学校看看，也可以先让孩子到学校学习一段时间，要是不满意，到时候他所收的费用全部退回。

这一次终于有了收获，当场就有三位家长答应开学那天送孩子去上学，还有几家的大人说要去学校看看再做打算。

开学前的三天里，库尔班和两位老师跑遍了周边村子，去了四百多户人家。到最后，库尔班声音嘶哑，几乎说不出话了，要知道这三天都是他一个人在跟那些孩子的家长交流。

两位老师看着心疼，可是她们也说不上话，只好按照库尔班要求的，就一次次地冲那些孩子和大人微笑点头，点头微笑。到后来，两位老师相互笑话对方，说对方的笑看上去像傻笑。

热烈的阳光在两位年轻美丽的老师身上还是留下了印迹，她们裸露在外的皮肤被晒得猩红，手指碰一下都感到疼。

好在学校招到了学生，连同阿迪兰，学校一共招到了八十名学生，其中不少孩子还没有到入学的年龄。在八十名学生里面，有一部分孩子是被学校的滑梯、蘑菇亭吸引来的,这可出乎库尔班和两位老师的意料。

原计划学校是要招收一百多个孩子的。

李永红的脸上露出了欣慰的笑容:"八十个就八十个吧,能有学生就很不错了!"

"只要以后学生有了好成绩,还愁没有生源吗?"库尔班的话里也多了一些自信。

后来的事实印证了库尔班的话,但是更大的危机在等着他们哩。

脸上开了一朵花

八十个孩子整齐地站在国旗杆的前面，那一双双充满稚气的眼睛仰望着旗杆上的五星红旗。

作为校长，库尔班开始了他的第一次国旗下讲话，这也是新学期的第一次国旗下讲话。库尔班是用维吾尔语讲的。

"亲爱的同学们，从今天起，我希望你们能牢牢记住我说的话，无论是新疆人，还是内地人，我们都是中国人！"库尔班的右手在空中有力地画了一个大大的圈，那一个圈似乎把所有的孩子、所有在旁边看热闹的大人，以及三位老师（前一天又新来了一位老师），包括库尔班自己都"圈"进去了。"我们热爱新疆，我们热爱祖国！

五星红旗是我们的国旗,刚才唱的歌《义勇军进行曲》是我们的国歌,北京是我们的首都,领导我们的核心力量是伟大的中国共产党,我们要热爱中国共产党……"

库尔班知道,他的话对于第一次走进校园的南疆乡村孩子来说,未免太深奥了,即使那些看热闹的大人也未必真正听得懂,但是他必须讲,而且这些将作为他的学校里一项持久的重要的教学内容,因为他培养的是中国孩子。

中国孩子的今天,决定着中国的明天。

国旗下讲话结束了,那些孩子的家长还没有散去。他们看见了孩子们在滑梯、蘑菇亭那里快活地玩耍,他们目睹了升国旗的仪式,他们听了库尔班校长的讲话,所有这些在他们的经历里也都是第一次。

一开始,他们有所顾虑,心里也有点没底:这些老师能教好他们的孩子吗?

现在,他们的脸上终于露出了笑容,学校还是不错的,干干净净。孩子玩得高兴,库尔班也讲得好,那几个老师笑模笑样,把孩子交给这所学校，交给老师们，他们还有什么不放心的呢？

他们该回去了，但是有些家长依然留了下来。这些家长还想再看看，反正地里也没有需要他们急着回去干的农活。

尽管学校有围墙，但是开学第一天库尔班并没有把孩子的家长关在大门外。库尔班也希望他们多看看，增加对学校的了解，然后再通过他们，告诉更多的人他的国家通用语言学校是一所怎样的学校。

库尔班回办公室了。万事开头难，现在开了头，接下来还有许多的事情要做，库尔班还不敢掉以轻心。

库尔班坐下不久，就听到有吵闹的声音传来，疑惑间，汪老师一阵风一样跑进来，喊："库尔班校长，出事了，你快去呀！"

库尔班的心里咯噔了一下，一时间他都不敢问汪老师究竟出了什么事，定了一下神，起身大步走了出去。

汪老师跟着库尔班一路小跑着。

事情发生在李永红老师所在的班级。此刻，

教室的外面已经有五六位家长手拉着孩子，连书包也带上了，看样子是要领孩子回去。孩子们惊恐害怕，而大人则是一副气呼呼的模样。

教室里至少有一半的孩子不在座位上，有的站在凳子上，有的站在课桌上，还有好几个孩子依偎在大人怀里哭。那些大人是在看见教室乱哄哄之后，才跑进教室的。

库尔班来到教室的时候，一个学生家长正怒目圆睁地站在李永红老师的面前，李永红老师流着眼泪，一侧的脸颊上还流出了鲜血。

库尔班来不及问明缘由，直接插到李永红和那位愤怒的学生家长中间，用维吾尔语大吼了一声："不许动手！"

库尔班的嗓门真是大呀，教室一下子安静下来。

这时，阿迪兰手指着教室外面的一个女生，大声地告诉库尔班："库尔班校长，是她咬了李老师！"

库尔班目光移过去，那个咬了李永红老师的圆脸女孩朝她的爸爸身后缩了缩。

问题出在学生听不懂普通话,老师听不懂维吾尔语。

李永红老师一开口说话,那些学生立刻蒙了,一个个呆呆地看着她,不知所措。

李老师一次次地重复着她的话,一次次地要学生跟她学着说。可是,除了阿迪兰,其他学生就是不配合。阿迪兰毕竟跟李老师是"老熟人",之前她多次听过李老师跟库尔班校长和汪老师说普通话了。

李老师不由得急躁起来,一急躁,她的声音就高了。

那个被李老师叫起来的圆脸女生嘴一撇,"哇"地哭起来。其他学生见状,也哭了,有的学生还一边哭一边跑出教室,嚷着要找爸爸妈妈。

李老师当然不愿看着这种事情发生,她急忙去拦那些跑出去的孩子,而这时靠窗的圆脸女生和另外两个男生竟然爬上了窗子。

李老师也顾不得别的孩子了,冲到窗子跟前,双手一把抱住了三个孩子,要是让三个孩子跳下窗子,那后果真不敢想。想不到其中的圆脸女生张口就咬在了李永红的右脸颊上，脸上顿时流出了鲜血。

李老师忍不住叫了一声："啊，你还咬人？"

李老师并没有动手的意思，可是圆脸女生的爸爸冲了进来。这位家长一进来，导致有更多的学生往外跑，也有更多的家长冲进来，然后教室里全乱了。

看着李老师脸上的血，库尔班一个劲儿地对她说："对不起，对不起……"

好不容易招来的老师，如果被学生咬跑了，那就糟了。库尔班用维吾尔语跟圆脸女生的爸爸解释："你都看见了，李老师那是救你家的孩子，怕她从窗子上摔下去。她要是什么也不做，你家孩子可是真的会跳下窗子呀，你就不怕你家孩子摔着哪儿？你这样对待李老师是很不合适的……"

圆脸女生的爸爸哑口无言，他来到李老师面前，深深鞠了一个躬。

尽管风波被库尔班化解了，可是打击还是降临了，并且是谁也没有想到的结果——那些跑出教室的孩子再也没有回来，他们被大人带走了。第二天，回到学校的学生只有三十六个，"消失"了四十四个。

那些孩子的家长理由很简单，听那些老师说的话，跟听天书一样，谁也听不明白，还读什么书呀？

庆幸的是咬李老师的圆脸女生回来了。

学校还办不办呀？三位老师都看着库尔班，用目光传递着她们的意思。

对库尔班来说，他已经豁出去了，岂有不坚持下去的道理？他现在后悔的是当初没有好好听从爱人的建议，把各种可能出现的问题考虑得更仔细全面一些。

"请你们不要离开，请相信我，我一定要办一所红红火火的学校！"库尔班说得咬牙切齿。越是这时候，他越是不能泄气。

李老师感到自责，要不是她，哪会突然走那么多学生呀！她一再对库尔班说："对不起，库尔班校长，都怪我！"

"这怎么能怪你呢？你们三位老师已经做得足

够好了。要怪也是怪我，没有把困难想得更充分一些。三十六个学生就三十六个吧，把他们教好了，我们就不愁别的学生不来学校读书！"说这一席话的时候，库尔班的心里涌起一股悲壮，他没有退路了，即使只剩下一个学生，他也要把学校办下去。

他已经做过一次"逃兵"了，这一次绝不会再做"逃兵"了。

库尔班的真诚打动了三位老师，她们愿意和库尔班一起坚持下去，等待"红红火火"的那一天。

因为咬了李老师，还把李老师的脸咬破了，来到学校的圆脸女生一直畏畏缩缩的。即使这样，阿迪兰也没有放过她，在一个课间，她对圆脸女生说："你敢咬我们李老师，以后我们不跟你做朋友了！"

这句话恰好被教室外面的库尔班听见了。库尔班来到班级，用维吾尔语安慰圆脸女生说："别怕呀，就当是李老师的脸上开了一朵花！"

这句话也是对全班同学说的。

圆脸女生羞羞地笑了，虽然被库尔班校长说成是"一朵花"，但是她再也不会让她的牙齿咬老师的脸了。

那"一朵花"也给李老师带来了意外的收获，上课的时候，一个个学生乖乖的，尽管学习非常吃力，但是他们努力配合着李老师。

接下来一连几天，库尔班总看见一个汉子在学校的门外，有时早上来，有时下午来，开始库尔班以为是哪一个学生的家长，但是后来发现不是，也不知道他要看什么。

那个瘦弱的孩子

办法总比困难多。

三十六个学生被重新分成了两个班。库尔班去兵团请来一个会打快板的老师,然后给每个孩子发了一个快板,手把手地教他们打快板。

在孩子们的眼里,这就是好玩的游戏呀,一时间他们的兴趣被激发了起来,快板声响彻校园。

在游戏中,孩子们不知不觉地进入了老师设计的"圈套"——通过打快板,来学习说普通话。

比如,老师一边打着快板,一边说:"我们是中国人,我们爱自己的祖国!"

孩子们一边打快板,一边跟着说:"我们是中国人,我们爱自己的祖国!"

虽然话说得不是很连贯、流畅，但是练着练着，他们就能把一句普通话说利索了。

能把普通话说利索了，对这些从来没有接触过国家通用语言文字的孩子来说，那是多么大的鼓舞呀。

为了能让孩子们更快更多地学习汉字和普通话，库尔班还想出了一个绝妙的教学方法：每个班级安排两个老师，一个老师是课堂的上课老师，另一个老师坐在学生的前面做学生。

这个做学生的老师担负着特殊的使命。

上课的老师说："请站起来！"然后在黑板上写下一个"站"。

那位做学生的老师站起来，接着真正的学生也都站起来。

上课的老师说："请坐下！"然后在黑板上写下一个字"坐"。

那位做学生的老师坐下了，接着其他真正的学生也坐下来。

学生一下子就明白"站"与"坐"的意思了。这样，在教孩子读这两个字时，他们就有了主动学习的意识。

上课的老师拿出一个大红苹果,问做学生的老师:"这是什么?"

做学生的老师回答说:"这是红苹果!"

老师在黑板上画了一个红苹果,并且写上"红苹果"三个字,然后对学生说:"这三个字就是红——苹——果——"

……

新的教学方法也有游戏的意味,上课再也不是一件枯燥无趣的事情了,每到上课,孩子们都会有一种期待,今天的课堂会有什么好玩的事情发生呢?

正是通过这样别具一格的教学形式,孩子们一点儿一点儿地认识了汉字,一点儿一点儿地学会了说普通话。

库尔班也重视校园国家通用语言文字氛围的营造,教室的墙壁布置,校园的各种标语,都是用汉字书写的。也就是说,孩子所处的环境随时随地都能看见汉字。

维吾尔族的孩子开始迷上了国家通用语言

文字。

李永红老师在库尔班面前也说了实话，在她被圆脸女生咬了的那个晚上，她失眠了，差一点儿就做出了离职的决定。

"您放心，现在您就是想赶我走，我也不会走的！"李永红老师坚定地对库尔班说。

以后，李永红老师就把自己当作校园里的一棵白杨树，她这棵白杨树和还是小小白杨树的孩子们一起在国家通用语言小学成长。

库尔班探索的脚步没有停止。

一周后，他决定学校全面实行寄宿制，所有的学生吃住在学校里。这个灵感来自汪老师的一句话，汪老师说她班上的一个女生学习普通话总比别的孩子快一些，一打听才知道，她的爸爸妈妈都会说点普通话。

库尔班一下子感受到，环境对孩子学习语言是多么重要，课堂好不容易学习到的东西，如果能在课后得到加强、巩固、训练、运用，往往能起到事半功倍的效果。可惜，绝大多数的家庭无法给予孩子那种环境。

寄宿制可以解决这个问题。

孩子二十四小时跟老师生活在一起，二十四小时生活在普通话的氛围里，这样他们便会主动地学习、使用普通话，这必然会促使孩子们的普通话水平获得质的飞跃。

可是，问题也是显而易见的。

严格说来，这些孩子只能算是幼儿园的小朋友。他们会习惯寄宿吗？家长愿意让孩子寄宿吗？要孩子一下子离开自己的家和父母一星期，他们受得了吗？会闹吗？要是生病了又怎么办？这不是给自己找麻烦吗？

而且，这么一来，库尔班的责任更大了，老师也更辛苦了，她们既要做孩子的老师，还要做孩子的妈妈呀。

库尔班先说服了老师，然后一个一个去说服三十六位孩子的家长。

原以为很难的一件事，竟然很顺利地解决了。自家孩子对国家通用语言小学的喜欢，对汉字学习的热情，那些家长都看在眼里，他们同样是欢喜的。既然库尔班的目的是让孩子更好地学习国家通用语言文字，那不是好事吗？

刚刚决定实行寄宿制，学校就迎来了一位新同学。新同学就是那个连续几天在学校外面转悠的汉子家的，名叫穆萨·图尔贡。

汉子用不太流利的普通话对库尔班说："我观察了一段时间，把孩子交给你们学校，我放心！"

库尔班应该高兴，这可是汉子对学校的信任呀。然而，库尔班却为难了，因为穆萨看上去太小了，而且还很瘦弱，似乎胆子也小，只要库尔班的目光落到他的脸上，穆萨就立刻低下头。

接下来学校要实行寄宿制，这么一个小不点受得了吗？

库尔班只好跟汉子实话实说，希望他明年再把孩子送来。

汉子遗憾地把穆萨带回去了。

想不到，第二天汉子骑着自行车又把穆萨带来了。汉子跟库尔班说了两点，一是穆萨在家哭闹着要上学，二是汉子是高中毕业生，由于那时家里穷，没有机会参加高考，一直有些不甘心，他特别希望自己的儿子能读好书，学好国家通用语言文字，将来能上大学，算是帮自己圆梦。

库尔班不忍心再拒绝了，但是他提出了一个要求：学校将要实行寄宿制，但是你的孩子不能寄宿，你得每天接送孩子。

汉子感激地答应了，穆萨的脸上也露出了欢喜的笑容。

以后，无论刮风下雨，这位父亲总是在天刚蒙蒙亮的时候，就把穆萨送到学校。在学校里的穆萨几乎不与任何同学说话，总是一个人悄悄地来，悄悄地去。他学习很刻苦，书写的汉字就像用刀子刻上去的一样。

不久，学校实行了寄宿制，穆萨是学校唯一不用寄宿的学生。

寄宿制度的实施，极大地增强了孩子们学习国家通用语言文字的效果。库尔班后来一直感念学校的老师，总是真诚地对待他们，无论哪一位老师中途要离开，他绝不为难他们。这些老师所做的远不是一个老师应该做的事情，他们要从早到晚跟孩子们在一起，课上是老师，课后是妈妈。她们要教孩子们穿衣，刷牙，叠被子，教孩子们洗衣服，洗鞋子，她们还要经常在油灯下给孩子们缝补衣服、鞋子，遇到哪一个学生伤风感冒什么的，还要背着孩子去看医生。用阿迪兰后来说的一句普通话讲，就是："我们的老师是世界上最好的老师，比妈妈还亲！"

冬天到了。

南疆的冬天说来就来，而且特别干冷，凛冽的寒风往往卷起沙尘，犹如千军万马一般长驱直入，那些笔直的白杨树枝条发出尖啸的声音，气温一路下降，差不多到了零下十五摄氏度了。

这一天的早晨，世界一片白色，昨天夜里下了大雪，地上的积雪有二十多厘米厚，脚踩上去咯吱咯吱响。库尔班想，小不点穆萨今天该不会不来了吧？有积雪的路上没法骑自行车，而穆萨的家距离学校有三公里的路程。

然而，在教室，库尔班看见了穆萨那瘦弱的身影，他已经在教室昏暗的油灯下读书了。一问才知道，这一天早晨父子俩都是步行来的，出门的时间比往日提前了近两个小时。

"你和你爸爸冷吗？"库尔班多问了一句。从穆萨像胡萝卜一样的鼻子、手指,就能看出来外面有多寒冷了。

穆萨却说:"不冷,我们一点儿也不冷!"

库尔班一下子感动了,有这样的父亲,有这样的学生,他还有什么理由办不好国家通用语言小学呢?

库尔班重新做了一个决定,决定让穆萨寄宿,并请李永红老师专门负责照顾他的起居。

穆萨没有辜负疼爱他的父亲,也没有辜负关心他的库尔班校长和老师,他将创造自己的奇迹,那也是国家通用语言小学的奇迹。

这期间,最让库尔班和老师们感到开心的是,当初那些"消失"的孩子陆续回到了学校,并且还来了一些新的孩子,学校的学生一下子增到了八十七个。

孩子变多了,意味着库尔班和老师们更加辛苦了,但是他们的心里满满都是成就感,是幸福感。

老师们都有预感,国家通用语言小学离库尔班期望的"红红火火"不远了。

每一滴眼泪都是热爱

一个星期一的早晨,所有来到学校的老师和孩子都看见学校的围墙豁了一个大大的口子。那个口子像一张古怪的嘴巴,在晨光中正冲他们龇牙咧嘴地冷笑。

好好的围墙怎么会倒了这么一大块?至少有五米多长吧。

每一个人都记得清清楚楚,上周五回家时,围墙还是好好的。而在刚过去的双休日里,既没有刮大风,也没有下大雨,更没有地震发生,围墙怎么会倒了呢?那可是用砖头砌的,还抹上了混凝土。

事实上,在两年多的时间里,学校的围墙已

经经历过了大风大雨，坚固得很。

库尔班也看见了围墙上的豁口。

"没关系，等会儿我请人修一下，大概是某个牲畜拱的。"库尔班没当回事似的对老师和孩子们解释道。

是有这种可能的，比如牛。如果一头牛，忽然想拿围墙试试自己的力气到底有多大，用它强壮的身体或者脑袋去拱围墙，那倒有可能把围墙拱倒。

问题是，好像没有一头牛会这么做，哪怕是在开玩笑。

那只能是人为的了。

库尔班在围墙上发现了好几个鞋印，但是他没有跟任何人说，包括老师。那些鞋印不是孩子的，孩子也没有那么大的力气。鞋印更不会是孩子家长的，要是不信赖学校，他们也不会把孩子送进国家通用语言小学来了，那只能是见不得国家通用语言小学红红火火的人。库尔班知道，从他创办国家通用语言小学开始，这种人就存在着，他们反对他办国家通用语言小学。

库尔班预感到，随着到国家通用语言小学就读的孩子越来越多，老师越来越多，这种人可能还要搞点破坏。

在以后的好多天里，库尔班一直留意着学校的周围，到了夜晚，只要外面有一点儿动静，他都会出去看看。

库尔班终究没有防住这样的事情再一次发生，而这一次的情况比上次要严重得多。

那是在二〇〇五年国庆节前一天的深夜，乡里的巡逻车经过学校附近时，忽然看见学校的房顶上闪着一片火光。

应该是学校发生了火情。于是，巡逻车第一时间赶了过去。

虽然学校放假了，但是外地的老师都在学校里。睡梦中的他们根本不知道外面的情况，当宿舍的门被乡干部用脚使劲踹开时，他们才感觉到房顶正在呼呼地燃烧着。如果不是乡干部及时发现和施救，后果真是不堪设想。

火被迅速扑灭了。

这分明是一起蓄意的刑事案件，警方连夜

介入。

第二天清晨，犯罪嫌疑人在自家的炕上被抓获。

当时，库尔班在北京。接到家乡打来的报信电话，库尔班吓得浑身直冒冷汗。他气愤，更感到悲哀：为什么对国家通用语言小学下毒手？他比谁都热爱新疆，热爱自己的民族，而这种热爱与热爱祖国、热爱中华文化，一点儿也不矛盾呀。他创办国家通用语言小学，还不是为了维吾尔族的孩子能走得更远，为了家乡能有更好的发展吗？一滴水只有汇入大海才能获得永久的生命，一个民族只有融入祖国的大家庭，才能得到永续的发展。难道连这点道理都不懂吗？

假期结束了，孩子回到了学校。

孩子们看见教师宿舍上面多出了一个大大的黑洞，黑洞像一只眼睛，那只眼睛正无比委屈地盯着他们。

孩子们不傻，他们知道那黑洞肯定不是"某个牲畜拱的"，牲畜也不可能爬到屋顶上。已经知道真相的孩子告诉别人说，那是坏人放火烧的，坏人已经被抓起来了。

看见黑洞，穆萨流泪了。多好的学校呀，多好的老师呀，多好的库尔班校长呀，怎么会有坏人跟学校过不去呢？以后会不会还有坏人来搞破坏？学校还能继续办下去吗？要是不办了，他到哪儿去学习国家通用语言文字呢？如果库尔班校长在学校，他一定要问问他。

一个又一个的孩子流下了清澈的眼泪。

阿迪兰更是呜呜地哭了。她爱国家通用语言小学，爱这里的每一位老师，爱这里的每一位同学，爱这里的一草一木。烧学校的房子，那等于把刀子插在了她的心上呀。

老师们也流下了眼泪。

不错，他们是汉族人，但是他们由衷地热爱每一个维吾尔族的孩子，他们愿意把自己最好的青春年华奉献给这些可爱的孩子，奉献给南疆的教育事业。在这里，没有民族成分之分，只有老师和学生。他们做错了什么吗，为什么要用这种恶毒的手段来对待他们？他们都是出于对教育事业的热爱，出于对库尔班校长的敬仰才来的，甚至有的老师是千里迢迢从外省来的。

孩子的家长也流泪了。

在他们的眼里,库尔班的这所国家通用语言小学不断地带给他们惊喜:孩子会说普通话了,孩子会写汉字了,孩子会唱普通话歌了,在谈起学校、老师、同学的时候,孩子总是那么开心。孩子开心了,他们也开心了,他们还从孩子那里学习到了一些普通话和汉字……怎么能发生这种事情呢?那是丢我们维吾尔族人的脸面哪!

这一天孩子们上课上得心不在焉,老师们也教得心不在焉,学校外面的家长久久没有散去。

大家都在等库尔班,等那壮实的身影,等那爽朗的声音,只有他能给他们安慰,他们也需要他的安慰。

库尔班终于赶了回来。

"我今天向你们保证,谁也阻止不了我库尔班办好国家通用语言小学的决心和信心,越是有人想阻止我们办好国家通用语言小学,我们越是要把国家通用语言小学办得更好……"库尔班的声音通过大喇叭有力地回荡在校园上空。

以后，那些孩子的家长成了国家通用语言小学最坚定的护卫者。只要有时间，他们总到学校来转转，他们的目的很简单，假如再次发生那样的事情，他们绝不会袖手旁观。

也不知道是不是因为这些家长的缘故，学校再也没有发生过类似事件。

褒奖

库尔班和老师们守在办公室的电脑前,他们谁也不说话,绷着脸,透着紧张。大家在等待着一个结果,一个对他们特别重要的结果。

他们的等待从这一天的凌晨就开始了。

这期间每个老师都接过几个电话,包括库尔班校长,所有的电话问的都是同一个问题,他们都一律用近乎耳语的口吻告诉对方说:"再等等,还没有出来。"

打电话的是学生家长,他们也在揪心地等待着那个结果。

窗子的外面黑乎乎的,深蓝的天空布满璀璨的星星,星星不断地眨巴着眼睛,它们似乎也在等待着。

"你们还是去休息吧,这些天真是把你们累坏了,我一个人等就行了!"库尔班对老师们说。

老师对库尔班说:"库尔班校长,还是我们等吧,这些天您睡觉的时间比我们还少!"

其实,大家都非常清楚,真去睡觉了,谁也不可能睡着。

时间的脚步走到早晨八点,他们忽然听见坐在电脑前面的、已经担任副校长的李永红老师喊:"啊,出来了,出来了,农村户口170分,城市户口220分!"

结果终于出来了,库尔班校长却一下子害怕了,害怕那个他必须面对的结果。别的老师都拥到李永红老师那里去了,库尔班悄悄地来到外面,倚靠着墙壁,双目注视着天空的星星。

那些星星是知道他的,它们无数次在清晨、在夜晚看见他那匆匆的身影奔走在校园里,出入教室、食堂、教师办公室、学生宿舍,哪里需要他,他总能在第一时间出现在哪里。他是一个不坐办公室的校长。

生病，他硬撑着；遇到烦心的事情了，在师生面前，他依然乐呵呵的。他从没有帮爱人操持过家务，学校成了他的家，而家成了他的客栈。他也从来没时间过问女儿的学习情况，更别说辅导女儿功课了。女儿甚至对他说："爸爸，我还是不是你女儿？我都要嫉妒你的学生了！"

从最初的风华正茂，到如今人到中年，他无怨无悔地把自己献给了这所国家通用语言小学，这一天是对他的检阅，也是对国家通用语言小学的检阅。

这一天是二〇一〇年五月二十八日，是国家通用语言小学第一届小学毕业生考试成绩揭晓的日子，成绩将决定着这些学生未来上什么样的学校。

国家通用语言小学第一届毕业生有三十二名学生报名参加了新疆区内初中班（简称"内初班"）的考试。

从二〇〇三年九月一日到今天，不知不觉过去了近七年的时间，两千五百多个日日夜夜的付出，终于迎来了证明自己的机会。

这时，只听见办公室里的李永红老师大喊："227分，哈力克·木拉提！我的天，他的成绩都超过了城里孩子的分数线！库尔班校长呢？库尔班校长——"

库尔班简直不敢相信自己的耳朵：这个哈力克平时特别调皮，学习成绩也很不稳定，考试前老师们都觉得他是三十二名同学里考上内初班希望最小的那一个。

真是想不到呀！库尔班急忙奔进办公室。

刚走进办公室，他就被老师拉到电脑前："库尔班校长，您看呀！"

大家还在查着，他们是从后往前查的：230分！247分！248分……

所有的孩子都考上了内初班。他们将带着崭新的梦想，走出依麻木镇，做一名中学生。

穆萨更是创造了奇迹，满分为300分的试卷，他考了290分，在阿克苏地区排名第一，位列全新疆第二十七名。

穆萨将继续创造他的奇迹，国家通用语言小学也将继续创造它的奇迹。

库尔班眼睛湿润了，激动地说："孩子们太争气了，太争气了！谢谢你们，谢谢你们，我为你们骄傲！"

库尔班说的是心里话。孩子争气，跟老师的辛勤付出是分不开的，他一直认为国家通用语言小学拥有世界上最好的老师，他们不计较个人得失，任劳任怨，一心扑在教育事业上。因为寄宿，所有的老师平常只能在双休日回家，然而真到了双休日，常常还有老师在学校加班。没有他们，就没有国家通用语言小学今天取得的成绩。

"库尔班校长，我们为您骄傲！"李永红老师说，她说的也是心里话。如果不是库尔班，很难想象她会留到现在，也很难想象远隔万水千山的外省人会来到这里做老师。

库尔班一下子流出了热泪。

办公室的老师也流出了热泪，有的还像孩子似的哭了。

他们流的是兴奋的眼泪，是喜悦的眼泪，也是幸福的眼泪。

然而，他们的眼泪却被人误解了。

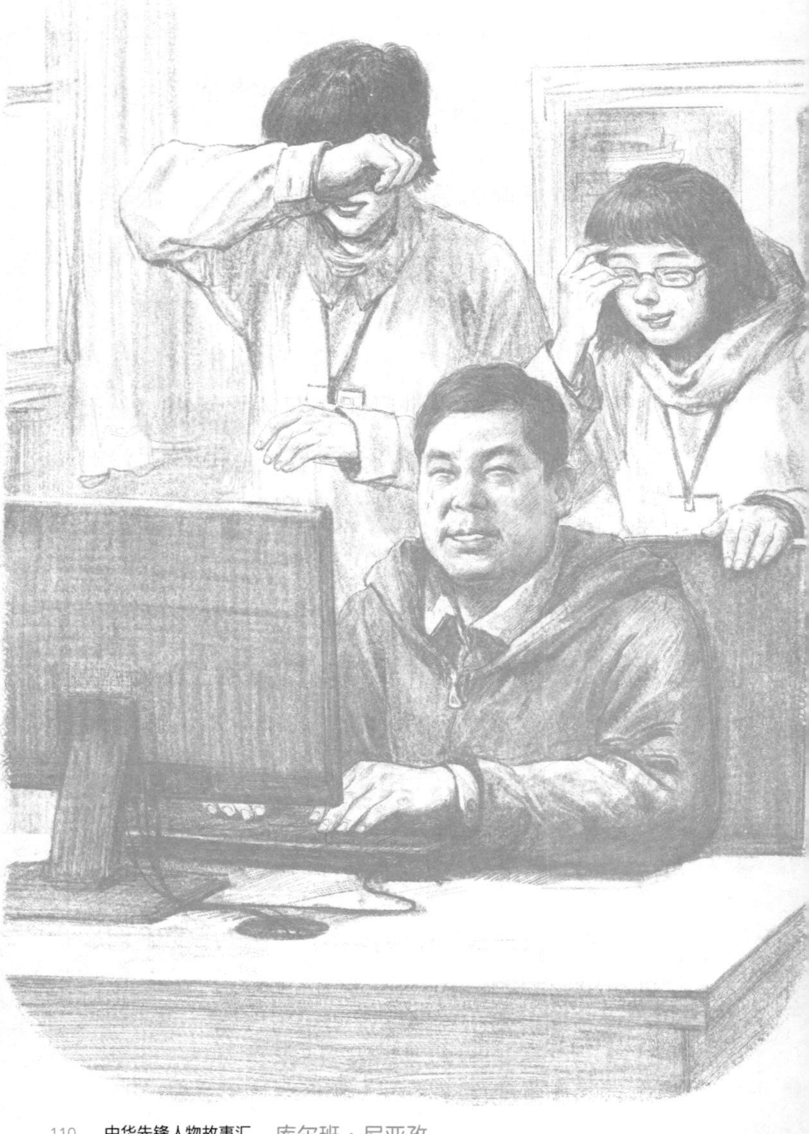

那是一位学生的父亲，他是第一位赶到学校来看成绩的家长。看见库尔班和老师们流着眼泪，他以为学生没有考好。

那位父亲一把抓住身后的孩子，另一只手就拍到他的屁股上，并且骂道："浑小子，你不是说你一定能考上的吗？你看看你们的校长和老师！早知道……"

早知道是这样，他就不会这么急切地赶到学校了。

眼看着巴掌又一次落下来，库尔班忙说："别打，别打，你的孩子考上了，所有的孩子都考上内初班了！"

"啊？都考上了？我们家小子也考上了？那你们哭啥呀？"那位父亲眨着眼睛说。他怎么也想不明白，都考上了，那是喜事呀，还流什么眼泪。

一位来自山西的年轻老师笑着说："我们那是高兴呀！"

对于白白挨了一巴掌，孩子是想表达一下自己的不满的，但是他还没来得及，父亲的手就摸到了他的头上。父亲咧开嘴呵呵笑了，然后对库尔班说："库尔班校长，我现在跟您说实话，当初把孩子送到学校来，我只是想着他能说几句普通话，能写几个汉字，能看明白农药、化肥袋上的说明就行了，哪能想到他会考上内初班呢？啊，我们家也出读书人了……"

这位父亲也流出了眼泪。

毕业典礼上，库尔班校长对孩子们说："亲爱的同学们，你们即将走出我们依麻木镇，即将去乌什县，即将去昌吉，即将去阿克苏，即将去乌鲁木齐，以后你们还会走得更远。我希望你们将来无论走到哪里，都不要忘记我对你们说过的话，我们都是中国人，我们要爱自己的祖国……亲爱的同学们，我为你们骄傲！"

典礼后，阿迪兰走到库尔班跟前说："库尔班校长，我们为您骄傲！"

别的同学跟着喊起来："库尔班校长，我们为您骄傲！"

那一刻，库尔班校长热泪盈眶。这是孩子们对他的理解，也是孩子们对他的最高褒奖，他所有的付出和艰辛，因为孩子们的这句话，都值得了。

　　这一天，那位曾经在李永红老师脸上留下"一朵花"的圆脸女生，跟她说了一句悄悄话："李老师，我爱你，像爱妈妈那样爱你！"

　　李永红老师回应圆脸女生的是一个深情的吻，那也是一朵花，开在圆脸女生额头的一朵花。

　　这一年的秋季招生，国家通用语言小学的校园里满眼都是孩子和他们的父母，招生名额一天之内便满了，不只是周围村子的孩子，许多不在这个学区的孩子也来了。

　　这是对库尔班的另一种褒奖。

有一种难过

夜深了，师生宿舍的灯光都熄灭了。

校园一片安静，围墙内外那一棵棵枝繁叶茂的绿树默然地站在星空下，好像它们也进入了梦乡，在它们的梦里会不会也有一张张灿烂的笑脸？

库尔班校长还需要做一天中的最后一件事，把校园巡视一遍，看看是不是有哪扇窗子没有关上，看看是不是有某一间教室的电灯没有关上，看看是不是有水龙头没有拧紧……

只有做了这最后一件事，库尔班的一天才能真正被画上句号——去踏实地休息。

这一天库尔班发现一间教室的灯亮着，那是

五年级的一间教室。

等走过去,库尔班发现教五年级语文的陈老师还在教室里,她在整理着书本。

进了教室,库尔班问:"陈老师,这么晚了,你还没休息呀?"

陈老师看了一眼库尔班,低下头,手按在讲台上的那些书本上,过了片刻,只听见她说:"校长,对不起,我……"

库尔班心里一惊:"你……你怎么啦?"

"我……我要走了……"

库尔班知道"我要走了"的意思。他已经不止一次经历过这样的事情,它们总是在他毫无精神准备的情况下发生。可是,他必须接受这样的事实,谁让他的国家通用语言小学是民办小学呢?

"哦,我知道了,你也别觉得有什么愧疚,就放心地走吧。"库尔班说,"谢谢你呀,你是一位好老师!"

这两句话库尔班已经说过多次了,第一句话表明的是他的态度,第二句话表达的是他的感激。他是真的感激，只要在国家通用语言小学做过老师，哪怕只有一个星期，他都会感激。因为感激，他从来不会为难每一位离开的老师，并且尽可能地给予他们方便。有的走了，后来又回来了；有的走了，再也没有回来。回来与不回来的，最后都是库尔班的好朋友。

如果让库尔班说实话，他非常舍不得陈老师走。师范院校一毕业，陈老师就来到了国家通用语言小学做语文老师，她是那种天生就该做老师的人，平常她的脸上总带着愉悦的笑容，走到哪儿都能跟学生打成一片，学生非常喜欢她，也非常喜欢上她的课。

陈老师在国家通用语言小学做了三年的老师。"库尔班校长，我这三年的教科书、备课笔记，都在这儿了！"陈老师一只手抚摸着讲台上的那一摞书本，缓缓地说。她要把它们都留下，那是她对国家通用语言小学的一份心意，也是一份岁月的见证。

三年里，她对国家通用语言小学的孩子们真心实意，她对教育事业怀着满腔的热忱。她应该继续留下来，她舍不得这所简陋的小学校，她舍不得她教过的孩子们，但她最终还是决定离开。她参加了公办学校的招聘考试，成绩出来了，她考上了。她、她的家人、她的男朋友，都看重"公办教师"的身份。

"陈老师……我……我想……跟你说一件事……"库尔班忽然口吃起来。

"库尔班校长，您说！"陈老师说。

"这件事你能不能别告诉同学们？"

"为什么呢？"陈老师有些不理解，她原本打算明天跟同学们告别的。

库尔班说，以前有一个老师走的时候，教室里的孩子们哭成一片，抓住老师不让走。相持了两个多小时，都影响学校的教学秩序了。库尔班最后说："我一直知道，孩子们非常喜欢你！"

陈老师点了点头。

"陈老师，走的那天，你早点准备，最好趁孩子们还没起来，我送你去车站。"

陈老师再一次点点头，这一次她的眼泪夺眶而出。

然而，事情并没有按照库尔班设想的去发展。

星期一的早晨，天还没有亮，库尔班帮陈老师拎着大旅行包，朝镇上的大巴车停靠点走去。

刚上车，陈老师忽然看见大巴车前面雪亮的灯光下，站着两排学生，那都是她班上的孩子，他们的手上拿着从家里带来的核桃、红枣、馕等特产。

原来，同学们早就从别的老师口中知道陈老师要在今天离开学校，到别的学校做老师了。他们不想让陈老师难过，就在班长的带领下用这种方式来送行。

陈老师一下子哽咽了。她跌跌撞撞地下了车，跟每一个孩子拥抱。

"对不起同学们，对不起同学们……"陈老师不断地说，她真的感到她对不起这些爱她的孩子。

在大巴车一声声催促的大喇叭声里，陈老师和同学们哭成一片。

见此情景，库尔班也是泪流满面。

每送走一位老师，库尔班都会难过很久，可

是他无法改变这一状况，他得及时把难过收起来，及时去招新的老师，以替代离开的老师。

这不会是最后一次，只要国家通用语言小学还在，那种难过就可能会在某一天突然发生。

十多年间，国家通用语言小学前后送走了二百多位老师。

库尔班也问过自己：怎么就留不住老师呢？是我对他们太苛刻了吗？库尔班想给老师加工资，想让所有老师享受跟公办教师一样的待遇，可是他做不到，国家通用语言小学只是民办小学呀。

事实上，每一位来国家通用语言小学的老师都非常敬重库尔班。库尔班是一位难得的好校长，他的心里总装着别人，总能给别人带来温暖。

关于这一点，申蕾和马俊华两位老师是有发言权的。

申蕾是国家通用语言小学的"元老"，做了十年的语文老师。二〇〇七年，申蕾的母亲不幸身患癌症，库尔班送去两千元的慰问金。为了照顾母亲，申蕾有将近一年的时间没有上班，库尔班仍然为她发了半年的工资。申蕾重新回到学校后，时常有待遇更好的学校向她发出邀请，但都被申蕾拒绝了，申蕾总是说："我哪儿也不去，我就留在国家通用语言小学做老师！"

马俊华是山西运城的某社区工作者，一次无意中在网上看见国家通用语言小学的招聘启事，她动心了。打动她的是在那么一个边远的地方，有一个校长和一群老师在孜孜不倦地教维吾尔族孩子学习国家通用语言文字。

马俊华对新疆的认识来自《花儿为什么这样红》《吐鲁番的葡萄熟了》《新疆是个好地方》这些歌曲。

歌曲里的新疆是一个浪漫、诗意、令人神往的地方。

马俊华给库尔班校长打了电话，说了她的想法。

"非常欢迎，新疆是一个好地方，非常美，相信你一定会喜欢的！"电话里库尔班兴奋地说。

就这样，马俊华辞去了社区工作，带着年幼

的孩子，在吐鲁番的葡萄成熟的金秋时节，来到了新疆，来到了国家通用语言小学。歌曲里的新疆与现实中的新疆是有些差距的，但是那又有什么关系呢？马俊华看见了蓝宝石一样的天空，看见了茂盛的防风林，看见了高高的白杨树，看见了枝头挂着的大红苹果，看见了一串串紫红色的葡萄……

尽管学校的教工宿舍很紧张，但是库尔班校长还是给带着孩子的马俊华老师安排了一个单间宿舍。

有这些，足以让马俊华感到满意了。

奇妙之旅

古丽米热·都鲜去过最远的地方就是姥姥家。

姥姥家的附近有一条银色带子似的小河,小河弯弯曲曲地伸向远方。姥姥告诉她,只要顺着这条小河走,一直一直往前走,就能在某一天走到乌鲁木齐。

"啊,那姥姥是不是去过乌鲁木齐?"在成为国家通用语言小学的学生之前,古丽米热曾经这样问过姥姥。她的想法很简单,既然能顺着这条小河走到乌鲁木齐,姥姥要是不去乌鲁木齐走一走,那就太傻了。

那时姥姥说,她确实顺着小河走过,但是走着走着就回来了,因为天晚了,她就不敢再往下走了。

"那后来呢？"

姥姥遗憾地咂咂嘴巴，说："后来呀，后来姥姥就一直没有走过了。"

古丽米热有些"看不上"姥姥，忍不住撇了撇嘴，说："姥姥，你胆子太小了！要是我，就一直一直往前走，走到乌鲁木齐！啊，乌鲁木齐呀，那一定是一个赛过天堂的地方！"

"是呀，是呀，姥姥胆子小！"姥姥虚心地承认，"还是我们家古丽米热胆子大，你以后一定一定能走到乌鲁木齐！"

"那当然！"古丽米热骄傲地昂了昂脑袋。她敢在漆黑的夜晚在村子里走，她敢爬到树上，她敢骑到牛的身上，去乌鲁木齐还能难住她吗？

这一年，胆子大的古丽米热还是没能去乌鲁木齐，舅舅倒是去过了，舅舅回来对古丽米热说过这么一席话："乌鲁木齐真是一个好地方呀！不过，顺着那条小河走，根本就不可能走到乌鲁木齐，到乌鲁木齐最好坐飞机！"

古丽米热被舅舅的话吓得一下子不敢吭声了，

她的心里有一种说不出的失落：要去乌鲁木齐就得坐飞机，她怎么能坐上飞机呢？她连汽车都没有坐过。如此说来，她是永远也去不了乌鲁木齐了，就跟姥姥一样。

然而，古丽米热终究是跟姥姥不一样的，因为她成了国家通用语言小学的学生，因为他们的校长是库尔班。

"我们库尔班校长说，只要我们学好了国家通用语言文字，就能去很远很远的地方。至于乌什、乌鲁木齐，那都不算什么。"

"我们库尔班校长说，在我们前面毕业的那些大哥哥大姐姐，他们已经走到了很远很远的地方。啊呀，那些地方我们听都没有听过！"

"我们库尔班校长说，国家通用语言文字是开启我们幸福生活的金钥匙！"

"我们库尔班校长说，世界很大，要比我们依麻木镇大了不知道多少倍，有机会一定走出去看看！告诉你们，等我长大了，我不想放羊，我要考大学，要考乌鲁木齐的大学，要考上海的大学，要考北京的大学！"

……

自从古丽米热上了小学,"我们库尔班校长说"这句话就成了她的口头禅。只要这句话一出,一家人就都看着她,他们都愿意听她说说库尔班校长到底说了什么。爸爸妈妈得出的结论是,那个库尔班校长真是能说呀,恐怕天上流动的云听了库尔班的话,都得停下来听一听。

爸爸妈妈虽然没有机会做库尔班的学生,但是每次听了古丽米热的"我们库尔班校长说",总感觉心里生出了一对翅膀。

古丽米热十二岁那一年的暑假之前的一天,她忽然在家宣布:"我们库尔班校长说,今年暑假我们要出去走一走……"

"是到乌什吗?"爸爸迫不及待地问。爸爸到现在还没有去过乌什,能去乌什也是很不错的。

古丽米热撇嘴吐了一个字:"切!"

妈妈忙说:"一定是到阿克苏!"

阿克苏是妈妈最向往的地方。

古丽米热继续撇嘴吐了一个字:"切!"

"那……就是乌鲁木齐了?"爸爸不敢肯定

地说。

妈妈惊叹了一声:"我的天!"

古丽米热不想跟爸妈绕圈子了,她大声说:"我们要去北京,要去看天安门,要去看故宫,要去看长城,而且是坐飞机去!"

爸爸妈妈的眼睛瞪得像玻璃球似的了,他们简直不敢相信这是真的,一直到古丽米热踏上了旅途,他们还感觉像是在做梦一样。

其实,去年的暑假,古丽米热差一点儿就去浙江参加夏令营的活动了,只是她小了点,而且报名的同学实在太多了。那些同学回来后,在述说他们在浙江的见闻以及参加的各种活动时,一个个眼睛闪闪发亮。他们说他们跟浙江的孩子做了好朋友,他们说浙江的孩子给他们表演节目,他们也给浙江的孩子表演了节目,甚至表演的就是浙江的地方戏……所有这些让没有去过浙江的古丽米热他们羡慕不已。

北京之行真是一次奇妙之旅啊!

他们第一次乘了飞机,第一次坐了高铁,第一次在熙熙攘攘的人群里看见那么多外国人。

他们第一次吃了新疆之外的美食。

他们第一次看见了课本里的天安门，第一次看见了天安门的升国旗仪式，第一次看见了课本里的人民英雄纪念碑，第一次看见了课本里的人民大会堂，第一次看见了课本里的故宫，第一次看见了课本里的长城……

一切都是那么新奇，一切都是那么亲切。

古丽米热终于理解了库尔班为什么一再对他们说"我们都是中国人，我们要爱自己的祖国"，终于明白了库尔班校长为什么要他们出来走一走，终于明白了库尔班校长说的"国家通用语言文字是开启我们幸福生活的金钥匙"这句话的含义。古丽米热和她所有的小伙伴一样，真切地感受到了做一个中国人是一件多么值得骄傲的事情，他们的心里激荡着一股真挚的情感，那就是他们发自内心对祖国的热爱。

与古丽米热他们同行的库尔班校长倍感欣慰，这正是他需要的效果。夏令营绝不是出去玩玩那么简单，这是另一种形式的学习，热爱祖国从来不是写在纸上，更不是挂在嘴边。走出新疆举办

奇妙之旅

夏令营，就是要让"祖国"在孩子们的心里成为具体可感的形象，从而激发孩子们的爱国情感。

古丽米热给她的爸爸妈妈打过长途电话，长途电话是要钱的，但是古丽米热可顾不了。一开口，她的那张像喜鹊一样的嘴巴就说个不停，说她一路看见的，说她的激动心情。她还说："这一次我说的是真的，我一定要好好读书，我一定要考大学……"

说着说着，古丽米热便热泪潸然。她觉得她的心里已经播种下了一颗神奇的种子，那是一颗梦想的种子，那是一颗热爱的种子。

感 恩

  那些树默默不舍地看着孩子们排着整齐的队伍走出校园。

  从二〇〇三年到二〇一六年，一晃就过去了十三年。在这十三年里，一批一批的孩子走了，然后一批一批的孩子来了，一直不走的是校园内外的那些树。昔日的那些小树长成了大树，而大树则长得更粗，更高。

  今天很特殊。所有的孩子都穿着干净整齐的校服，胸前佩戴的红领巾在明媚的阳光下显得格外鲜艳，一张张面孔流露着洋洋喜气。

  树们知道，今天之后，它们便再也看不见这些孩子活泼的身影，再也听不到他们琅琅的读书声，再也听不到他们天籁一般的歌声，以后只有那个显得老态龙钟的滑梯和蘑菇亭默默无语地陪伴它们了。

这些欢天喜地的孩子要去新的学校了，据说新学校是依麻木镇最好的一栋建筑。

如果那个滑梯和蘑菇亭会说话，它们一定会请求孩子们把它们也带走。没有孩子的地方，它们留下来还有什么意义呢？

有孩子告诉过滑梯和蘑菇亭，新学校什么都有。

这一天是六一。

这一天是世界所有孩子的节日，选择在这一天搬进新校址，就是要喜上加喜。欣喜若狂的孩子唱起了《中国少年先锋队队歌》。歌声响亮有力，歌声飘过的地方，白杨树发出哗啦啦的应和声，而街道上的大人看着他们，眉眼之间荡漾着甜蜜的笑容。

"啊，新学校，新学校！"孩子们忽然欢呼起来。

哦，新学校就在眼前了。校门口"依麻木镇

国家通用语言小学"这几个红色大字在阳光里熠熠生辉,校园里彩旗飘扬,校园的大喇叭播放着《运动员进行曲》的旋律。新学校有高大的教学楼,有乳白色的宿舍楼,有宽大的食堂,有敞亮的图书室,有宽阔的操场,操场上有单杠、双杠、乒乓球台、篮球架,还有平整的跑道……

一切都是新的。

这才是真正的学校。

跟新学校比起来,过去的那所小学校就是"丑小鸭"了。能在这样一所新学校读书,那是多么幸福的事呀!

其实,许多孩子已经多次来看过新学校了,有的孩子甚至从新学校动工那天就不断地来看,可以说他们是看着新学校一天一天建起来的。但是,今天他们还是像第一次看见一样,心里充满了惊喜。

只是六年级的孩子有些失落。他们很快就要毕业,他们在新学校待的时间一个月都不到了。不过,他们又在心里安慰自己,这有什么关系呢?毕竟跟那些早已经毕业的大哥哥大姐姐比起来,他们还是幸运儿呀。

这是六一儿童节给他们的最好的礼物,这也是库尔班校长送给他们的最好的礼物。许多同学心里对库尔班校长充满了感激。他们知道为了建新学校库尔班校长所吃的苦,那段时间库尔班校长一点儿也不像校长,倒像是工地上来去匆匆的一名工人。

库尔班校长却不认为这是他送给同学们的最好的礼物。

这一天,穿了一身新装的库尔班校长一直红光满面,走到哪儿都能听见他爽朗的笑声以及大嗓门。

要知道,今天也是他的节日呀。

在新学校的第一次升国旗仪式上,库尔班大声问同学们:"新学校漂亮不漂亮?"

"漂亮!"六百多名学生的齐声回应如雷声从操场上空滚过。

"你们喜欢不喜欢?"

"喜欢!"

"有人说,这是我库尔班的学校。今天在这里,我要纠正这种说法,这是我们乌什县的新学校,这是我们依麻木镇的新学校，这是我们依麻木镇所有孩子的新学校。我们虽然是民办学校，可是乌什县委和政府，一点儿也没有把我们当民办学校看待。为了建这所新学校，我们乌什县委和政府多方筹资一千七百八十万元，新学校占地十二亩……"

介绍了新学校的情况，库尔班目光炯炯地看着大家，说："所以，我要说，没有党和政府的关心，即使我有三头六臂，也建不成我们的新学校！现在，我要请你们回答我几个问题，第一个问题：谁给我们通了电？"

同学们响亮地回答说："是党和政府！"

"说得很对！那么，谁给我们通了自来水？"

"是党和政府！"

"谁给我们修了平整宽阔的马路？"

"是党和政府！"

"谁给我们建了漂亮的新家？"

"是党和政府！"

"谁帮我们把新疆的农特产品卖到全国各地？"

"是党和政府！"

"所以，在新的学校里，我们要怀着一颗感恩的心，一定要好好学习，以最好的成绩来回报党，回报祖国！请你们一定记住：没有中国共产党，就没有我们新疆的一切！只有中国共产党，才会让我们新疆的明天变得更好！"

听到这里，六年级的同学忽然明白了，他们真不应该感到失落。

库尔班校长说的那些变化已经实实在在地发生了，而且许多时候他们都身在变化之中。由旧学校到新学校，是无数变化中的一个，只不过这种新旧的对比就在他们的眼前，因此他们才特别舍不得那么快就离开母校。

他们热爱这种变化，珍惜这种变化。他们掌握了汉字，他们学会了说普通话，他们拥有了开启幸福之门的"金钥匙"，他们相信只要祖国的明天更加美好，那么新疆的明天就会更加美好，他们的明天也会更加美好。

在库尔班校长铿锵有力的声音里，孩子们的眼睛像星星一样明亮，而他们的心里像生了一对对翅膀，飞到高远的蓝天上。

新生

这一天一早,库尔班走出家门时,想起了自己第一次戴上红领巾的事,那是他最早接受的"红色教育",是他的"初心"。

那天一放学,库尔班就撒开了腿,一口气跑到家。家里没人,丢下书包,他又撒开腿,一口气跑到地里。

这一次没有落空,他看见了在地里劳动的奶奶、妈妈、大姐。

"你们看!你们看!"库尔班手指着自己的胸前,骄傲地喊。

她们都看见了,村里同样在地里劳动的爷爷奶奶大伯大妈们也都看见了——库尔班的胸前多了一样东西,红艳艳的,犹如一团火,那是红领巾。

库尔班的脸也是红红的。

"啊呀,红领巾戴上啦!"奶奶这样惊喜地说,妈妈这样惊喜地说,村里的人也这样惊喜地说。

这是三年级小学生库尔班第一次戴上红领巾。从这一天后他就多了一个光荣的身份——少先队队员。库尔班需要他的亲人和他一起分享那激动、幸福的心情。

可惜,爸爸没有看见。

那天爸爸回来很晚,按库尔班的意思,那盏煤油灯得继续亮着,等爸爸回来看过了他的红领巾再熄灭。而他呢?自然得等爸爸回来。妈妈舍不得煤油,那可是花钱买的。妈妈态度坚决地吹灭了煤油灯,要库尔班上炕睡觉,等明早再让爸爸看他的红领巾。

库尔班只好上了炕,但是他并没有睡觉,也睡不着呀,他就竖着耳朵,坐在黑暗里等。

门终于响了,那正是爸爸。

爸爸知道一家人睡了，所以他的动作很轻。然而，他刚悄悄地推开门，一个小人儿就跑到他跟前，把他吓了一大跳。爸爸定神一看，说："库尔班，你怎么还不睡觉？"

库尔班急忙点上煤油灯，挺着胸脯，站到爸爸面前："爸爸，你看！"

爸爸一下子就明白了，高兴地说："好好好，我们家库尔班戴上红领巾了，今天戴上了红领巾，明天要做革命事业的接班人！"

库尔班生怕爸爸不知道一样，忙竹筒倒豆子似的说："红领巾是红旗的一角，那是革命先烈用鲜血染红的。我们要热爱红领巾，要珍惜今天的幸福生活，要好好学习文化……"

爸爸兴奋得一把抱起库尔班。

戴上红领巾之后，有一段时间，库尔班天天在家唱《中国少年先锋队队歌》，到后来连奶奶和妈妈都能哼出好多句来。

……

想到这里，库尔班忍不住轻轻地唱起来："我们是共产主义接班人／继承革命先辈的光荣传统／

爱祖国／爱人民／鲜艳的红领巾飘扬在前胸……"

在国家通用语言小学，每一个戴红领巾的少先队员都会唱这首歌。

太阳金灿灿地跳上了东方的天空，阳光所到之处，大地的一切都是那么生机勃勃，树更绿了，花更红了，一片一片的庄稼在七月的风里翻起丰收在望的波浪。

今天的库尔班跟往日大不一样。除了新装，他的头发梳顺了，胡须剃光了，沉静的目光里透着深情和坚定，并不时地闪烁着一丝喜悦。他就像晨光里容光焕发的一棵白杨树。

今天库尔班是有理由为自己骄傲和喜悦的，就像当初他戴上红领巾一样，但这一次他的心里更多的是责任，一份沉甸甸的责任，还有热爱。

为了这一天，库尔班期盼了很久。

可以说，这一天的到来，是一种必然，就像种子播种进泥土里，然后生根，发芽，开花，结果。

在童年时代，库尔班就知道自己的父亲跟别的孩子的父亲有所不同。农忙的时候，别的孩子的父亲在自家的土地上忙，而自己的父亲要在生产小队和生产大队忙。妈妈有时候会埋怨父亲，但是只要父亲一说"跟别人比啥比？我是党员"这句话，妈妈立刻就不吭声了，好像"我是党员"这句话是有魔力的。

父亲是一九五六年入党的党员。

幼年的库尔班并不知道党员对于父亲来说意味着什么。等他做了小学生，他才模模糊糊地意识到，党员是一个特殊的称号，不是什么人都能拥有这个称号的。

那时候，库尔班学习的教材是从内地翻译过来的，书里面有许多革命先烈的故事，董存瑞、黄继光、邱少云、狼牙山五壮士、刘胡兰、小萝卜头、江姐、雷锋……

他们的故事可歌可泣，他们就是英雄。这些英雄里有许多人跟父亲的身份一样，都是中国共产党党员。

可是，父亲只是一名基层党员，父亲做的都是琐碎的小事，用父亲自己的话说"小事总得有人去做呀"。

那时候，在库尔班的心里，有些"看不上"父亲，觉得父亲没有做过一件轰轰烈烈的事情。只有做了一件可以被称为"英雄"的轰轰烈烈的事情，父亲才配得上"共产党员"这个神圣的称号。

长大后，库尔班渐渐明白，在和平年代，做平凡的人，做平凡的事，同样可以成为"党员"。

库尔班觉得自己就是一个平凡的人，他只是创办了一所国家通用语言小学，他只是想让南疆的孩子有机会学习国家通用语言文字，让他们将来能走得很远很远，让他们更加热爱祖国，热爱中华文化……

这些依然是平凡的事。

库尔班来到依麻木镇玉斯屯克和田村的村委会活动中心，今天他将在这里宣誓入党。

"我志愿加入中国共产党，拥护党的纲领，遵守党的章程……"上午十点，当库尔班面对鲜红的党旗，举起右手握拳宣誓的时候，他热泪盈眶。

这一天是二〇一六年七月一日。这一天是中

国共产党的生日，这一天从此也被库尔班校长看作是自己的新生日，他从预备党员正式成为中国共产党党员。

后来，库尔班在面对记者的采访或者做报告时，总是这样深情地说："在二十世纪五十年代，新疆和田地区有个库尔班，他'骑着毛驴上北京'见到了敬爱的毛主席；进入新时代，新疆阿克苏地区乌什县有个库尔班，他'坐着飞机'进北京见到了习近平总书记，这个库尔班就是我。两个库尔班，来自不同的年代，但对党中央、对人民领袖真挚感恩的心情是一样的。我的一生都要坚定不移地听党话，感恩党，跟党走。跟党走，走的是康庄大道，光明大道……"

艾孜麦提的秘密

艾孜麦提的爸爸最近奇怪得不行。

艾孜麦提明明说是去学校补课的,结果每天回来都是满头大汗。虽说正值盛夏,但是艾孜麦提也不至于流那么多汗呀。看看他后背上白白的像霜一样的汗斑,就知道他在学校流了多少汗水。而且每次回来,他那一张脸通红通红,怎么看那都属于兴奋的红,就像参加了一次长跑比赛获奖了。更让爸爸不明白的是,流汗就算了,脸红就算了,竟然饭量也增加了。

每次问艾孜麦提在学校到底做了什么,他总是回答说补课了。

暑假补课会把一个孩子饭量补上来吗?艾孜

麦提分明是有事情瞒着他。

爸爸决定亲自到学校去看看。他不是不放心学校，而是不放心他的儿子，儿子平日就比较淘气，他完全有可能为了玩耍而用一个冠冕堂皇的借口来骗他。

爸爸一心想要艾孜麦提考上内初班，然后读高中，考大学。这也是当初爸爸一定要把艾孜麦提送到国家通用语言小学的原因。

艾孜麦提是家里唯一的读书人。

爸爸吃够了没有文化的苦，年轻的时候他有许多梦想，比如到内地打工啦，比如在镇上开一家杂货店啦，可惜因为没有文化，更不会说普通话，到头来他的那些梦想便成了空想，就像不长庄稼的土地。

爸爸经常对艾孜麦提说："艾孜麦提呀，你要是不好好读书，将来就像爸爸这样一事无成！"

"一事无成"这个词语还是跟艾孜麦提学来的。

爸爸还经常对艾孜麦提说另一句话："你们国家通用语言小学那么多同学能考上内初班，

你为什么不能呀？连你们库尔班校长都说你很聪明！"

库尔班校长确实对爸爸说过艾孜麦提很聪明。库尔班校长的原话是这样的："男孩子嘛，哪有不淘气的？不过，艾孜麦提很聪明，只要他愿意学，学什么，会什么。"

这句话极大地鼓舞了爸爸：校长都夸艾孜麦提聪明了，艾孜麦提将来更应该考上内初班，更应该考上大学！

平日爸爸对艾孜麦提管教得非常严格。艾孜麦提想看电视，看多长时间，都得经过爸爸的批准。双休日、节假日，艾孜麦提想去哪里，同样要经过爸爸的批准，没有爸爸的批准，他必须老老实实在家做作业。没有作业也得做，哪怕把做过的作业再做一遍。在艾孜麦提做作业的时候，只要爸爸有时间，他都会坐在一边看着他。

说实话，爸爸什么也看不懂，但是爸爸仍然要这么做，而且爸爸能从艾孜麦提写的那些汉字是不是工整知道他是不是认真做作业了。

那天早晨，艾孜麦提背上书包出门不久，爸

爸就跟了上去。为了不被艾孜麦提发现,爸爸保持着与艾孜麦提之间的距离。

艾孜麦提一直没有回头,走得急匆匆的。爸爸以为艾孜麦提中途会溜到哪儿去玩,但是他看见艾孜麦提一直走进了学校。

"这小子是不是看见我了?"爸爸心里生疑。

爸爸想了想,决定还是在学校外面等一会儿,然后到教室抓艾孜麦提的"现行",那时候他的巴掌不会客气的。

谁知,爸爸冷不丁地听到了声音,不是一声两声,而是一片,简直是惊天动地:咚——咚咚咚!咚——咚咚咚——

爸爸吓了一大跳,这是什么声音?学校怎么会有这种声音?

门卫告诉爸爸,那是打鼓的声音,暑假里孩子们在学习打鼓,那可是库尔班校长特意从安塞"引进"来的腰鼓。

爸爸大步奔进了校园,找到艾孜麦提。

艾孜麦提果然是在打鼓,他把鼓背在身上,正打得起劲。突然看见爸爸,他一下子呆立在那里。爸爸走过去，不由分说摘了艾孜麦提身上的鼓，扔到地上，拉着他就朝外面走，一边走，一边气呼呼地说："你敢骗爸爸了，你胆子大了是不是？你不是说补课的吗？补课就是这样补吗？打鼓能考上内初班吗？"

说实话，艾孜麦提一点儿也没有打算骗爸爸，只是他非常清楚，要爸爸答应他在暑假里学习打鼓，那是绝对不可能的。在爸爸的眼里，只有考内初班，考大学，才是他应该做的，其他的都属于"不务正业"。可是，艾孜麦提真的喜欢打鼓，那激越高亢的鼓声让他热血沸腾，跟着众多的同学一起前进、后退、踢腿、转身、辗转腾挪，他感到自己不再是自己，而是其中的一股力量，一股强大的力量。

实在没有办法了，十二岁的艾孜麦提才跟爸爸撒了谎，说是暑假到学校补课，时间是二十天。原以为他的秘密可以一直保密到二十天后，哪想到爸爸会跑到学校来呢？

艾孜麦提不甘心被爸爸就此拉回家，到了校园的外面，他就死死地抱着一棵树，眼中噙满了泪水，随时都会掉下来。

"爸爸，你让我打吧，只要你让我打，我保证考上内初班！"艾孜麦提跟爸爸求情。

用"保证考上内初班"作为条件，爸爸该答应了吧？可爸爸咬牙说："艾孜麦提，你就给老子死了这条心！"

这时，一个人疾步走来，是库尔班校长。

一看见库尔班校长，艾孜麦提的眼泪一滴一滴地滚落下来。

爸爸更是把他的怨气一股脑儿地撒向库尔班："库尔班校长，好好的学校，你怎么能教孩子敲这个玩意儿？敲这个玩意儿能把孩子敲进内初班？"

库尔班校长一点儿也不急，反问道："你知道安塞在哪里吗？"

爸爸眨了眨眼睛，艾孜麦提说："在延安！"

库尔班校长继续问："你知道延安是一个什么样的地方吗？"

爸爸说："我不知道延安，我只知道孩子到学校来不是来玩的！"

艾孜麦提说:"延安是我们中国革命的圣地,延安精神就是艰苦奋斗的精神……"

"你应该为你的儿子高兴,他知道的可比你多!"库尔班校长疼爱地伸手摸了摸艾孜麦提的头,"打安塞腰鼓也是一种学习,学习的是中华传统文化,就和学习古诗词、京剧、二胡、豫剧、古筝、脸谱、书法一样……"

爸爸哪里听得进库尔班校长的话呀?他吓唬库尔班校长说:"库尔班校长,你别让艾孜麦提打鼓了,你今天要是不答应,那我就把艾孜麦提转到别的小学读书了!"

库尔班校长笑了,他可不怕吓唬。每年九月国家通用语言小学开学,报名人数都远远超出学校的承受能力,连阿克苏市、乌什县的人都要把孩子送来,他根本就不用担心有哪一位家长在中途给孩子转学,再说也不会有这样的事情发生。

艾孜麦提看不下去了,他擦了擦眼泪,不满地对爸爸说:"你什么也不懂,我就是要打鼓!"

爸爸一下子举起了巴掌。

库尔班校长当然不会允许艾孜麦提爸爸的巴

掌落到孩子的身上,他说:"你看这样行不行,如果艾孜麦提将来考不上内初班,到时候我把学费全部退给你。"

爸爸眨了眨眼睛,说:"这可是你自己说的!"

"是我说的,我说话算数!"

艾孜麦提马上挺起胸膛,对爸爸说:"我保证考上内初班!"

爸爸还能说什么呢?他只好松了手,而艾孜麦提立刻就朝学校跑去,好像晚一点儿就被爸爸拉回家了。

库尔班校长向爸爸发出邀请,去看看孩子是怎么打鼓的。

爸爸真的去看了,奇怪的是,看着看着,他的双手下意识地握紧了,他感到心里像奔腾着千军万马,感觉到身体里冒出一股股的力量。

见艾孜麦提的爸爸看入了神,库尔班校长悄悄离开了。

库尔班校长总是对自己当初的决定满怀信心,尽管在这中间难免会遇到像艾孜麦提父亲这样一时难以理解的人。在那些学生家长看来，孩子读书就应该好好读书，别学一些跟考试无关的东西。但是，库尔班总是一次次用事实打消了他们的顾虑，从来没有哪一个孩子因为学习中华传统文化而耽误读书考试，不但没有，这反而更大地激发了孩子们读书的热情。

中国的孩子必须继承与弘扬中国的传统文化，那是中华民族的根，国家通用语言小学就是要培养有根的中国人，这是库尔班校长坚定的信念。

他带领学校教师编写中华文化教材，开设国学课堂。在国家通用语言小学，每个孩子都熟知愚公移山、大禹治水、孟母三迁、孔融让梨等故事，每个孩子都可以利用课余时间选择学习京剧、弹古筝、拉二胡、写毛笔字、画国画、剪窗花等传统艺术。同时，让孩子既欢度诺鲁孜节、古尔邦节、肉孜节等民族节日，更过好中华民族的传统节日，春节吃饺子，端午节吃粽子，中秋节吃月饼，并通过孩子去影响一个个家庭。在国家通用语言小学上学的孩子，哪一家父母不会写几个汉字、说几句普通话？又有哪一家父母不知道些中华文化?

这就是国家通用语言小学的魅力所在。

用库尔班的话说:"在中华文化熏陶下长大的孩子,那才是真正的中国孩子,这样的孩子才会爱党爱国,才能担当民族团结的使者。培养这样的孩子,是我义不容辞的责任!"

锦旗背后的故事

在国家通用语言小学的小会议室里,挂着一面锦旗,上面写着这样的话语:幼儿成长的树荫,儿童健康的天使,祖国花朵的园丁!

这是依麻木镇玉斯屯克和田村七组村民阿吉热姆·艾麦提赠送的,她是六年级的木娜瓦尔·麻木提的妈妈。

这面锦旗背后,有一段心酸而又让人欣慰的故事。

木娜瓦尔曾在好长时间里不愿意回到她的那个家,那个家不能给她带来温暖,不能给她带来安全感,尤其是那个家总让她感到会有一件未可知的凶险的事情,在她毫无防范的时候突然降临，然后把她"打击"得狼狈不堪。

幸好有国家通用语言小学！

只有在国家通用语言小学，木娜瓦尔才感到安心，安心地吃饭，安心地睡觉，安心地读书，安心地和同学们玩耍。她甚至想，要是没有双休日该多好呀，那样的话，她就可以一直留在学校了，她愿意把国家通用语言小学当作她的家。

一到周末，中午一吃过午饭，性急的同学有的已经把需要带回家换洗的衣服收拾好了。下午上课，这些同学总有点心神不定，盼着下午最后一节课的铃声早点响起。只要铃声一响，他们总会不顾老师还没有离开教室，就欢叫起来，拎起已经收拾好的书包，急匆匆地走出教室，急匆匆地到外面排队去了。放学总是要排着队离开校园的。

说实话，他们真的不需要这么急匆匆的，只有放学的队伍排好了，人员都齐了，他们才会有序走出校园。

与这些同学构成鲜明对比的是木娜瓦尔，她一点儿也不急，慢腾腾地收拾书包，慢腾腾地站起来，慢腾腾地走出教室。每一次都有好几个同学冲她喊："木娜瓦尔，你快一点儿呀，就差你了！"

这些同学怎么也想不明白，为什么一到周末，木娜瓦尔就这样了？难道她不想回家吗？

木娜瓦尔从来不跟同学说她的家，说她的爸爸妈妈。

爸爸曾经是村里的"能人"，在乌什县城开一家蛋糕房，生意也不错，只要爸爸从县城回来，家里总是充满了欢声笑语。然而，好景不长，爸爸渐渐变了，他难得回来一次，每一次回家也总是和妈妈吵架。

后来，爸爸决然地跟妈妈离了婚，三个孩子一个也没要，都留给了妈妈。更可恨的是，爸爸还带走了家里的所有积蓄。

这样，离婚后的妈妈身无分文。

怎样养活三个孩子？这成了妈妈天大的难题。这一难题搅得妈妈心情非常糟糕，一看见三个孩子她就恶声恶气，好像他们都是她的仇人一样。

每一次回到家里，不需要妈妈吩咐，木娜瓦

尔放下书包便去做家务，打扫卫生啦，洗碗刷锅啦，还把脏衣服找出来洗了。

妈妈原本是一个勤快的人，但离婚后变得特别懒了，一向整洁干净的家都有点让木娜瓦尔不忍目睹了。

木娜瓦尔和小弟最害怕的事情就是，某一天他们一觉醒来或者从学校回到家里，看不见妈妈了，然后他们三个孩子就成了伶仃的孤儿。

为了不让这一天到来，两个人在妈妈面前总是很乖很乖，只要妈妈吩咐的事，他们绝不含糊。

这一天回到家里，木娜瓦尔意外地看见妈妈朝她笑了一下，还说了一句："回来啦。"

木娜瓦尔连忙笑着说："妈妈，我回来了。"

小弟已经回来了，木娜瓦尔还看见了大姐。

大姐很少回来，有时候一个月回来一次，有时候两个月回来一次，她的学习任务要比木娜瓦尔重多了。是不是大姐回来了，妈妈心情好一些了？

吃过晚饭，木娜瓦尔有了答案。

那时候，大姐和木娜瓦尔都站起来收拾碗筷，妈妈对她们说："你们别忙，妈先跟你们商量一件事……"

姐妹俩互相看了一眼，狐疑地坐下，然后她们和小弟一起看着妈妈。

妈妈舔了一下嘴唇，眼睛看着自己面前的桌面，不那么利索地说："星期一……你们就不用去学校了……妈都要养不活你们了……都给我回来种地、放羊吧……"

三个孩子一下子呆了，呆呆地看着妈妈。

到底是中学生，大姐最先反应过来："我不！我要上学！"

小弟跟着喊起来："我要上学！"

木娜瓦尔也不能沉默了："我要上学！"

怎么能不上学呢？大姐很快就要考高中了，她的目标就是上大学。而木娜瓦尔，她是那么喜欢国家通用语言小学，那么喜欢汉字和普通话，她一直把大姐视为自己的榜样，大姐能做到的，她相信自己一定也能做到。小弟虽然还在幼儿园，但是他早已经憧憬小学生的生活了。

妈妈生气地把一个饭碗砸到地上，碗顿时成了无数的碎片。妈妈瞪着眼睛，冲三个孩子吼道："哪来钱？是不是要我卖血？要想读书，找你们那不要脸的老子去！"

三个孩子再也说不出一句话，眼泪汩汩往外流。

妈妈不想看见他们的眼泪，到房间生闷气去了。这一晚，三个孩子度过了一个难眠之夜。可是，他们知道，妈妈是实在没有办法了，要怪就怪那个爸爸，他们只能接受妈妈的安排。接受妈妈的安排才可能保住这个残缺的家。

星期一，木娜瓦尔和大姐跟妈妈去了责任田，小弟去放羊，家里唯一的一只羊。

妈妈并没有因为三个孩子的"听话"而高兴，她的脸色阴郁得像阴沉的天空。

下午，库尔班校长来到了家里。在国家通用语言小学，还从来没有哪一个孩子在中途辍学，他也不会允许这样的事情发生。

看见库尔班校长，三个孩子的眼泪哗地滚落下来，那感觉就如同看见了久别的亲人。他们的心里一下子燃起了希望。

库尔班校长跟妈妈谈了很久。

不知道库尔班校长到底跟妈妈说了什么,当天吃晚饭的时候,妈妈轻轻地对三个孩子说:"明天你们都去上学吧。"

大姐哽咽着说:"谢谢妈妈。"

"谢你们库尔班校长吧。"妈妈幽幽地说。

第二天下午,妈妈出乎意料地出现在学校里。看见妈妈那一刻,木娜瓦尔手心发凉,她以为妈妈是反悔了,要把她拉回家。

木娜瓦尔的担心是多余的,因为从这一天起,妈妈做了国家通用语言小学的一名特殊"学生",她不需要做作业,也不需要考试,她只需要有时间了来学校看看,来看看国家通用语言小学的孩子们是怎样学习的,是怎样生活的,包括学校举办的各种活动。妈妈还在一次学校的文艺表演中唱了一首新疆民歌。

这一年妈妈还跟木娜瓦尔他们一起去参加了夏令营。

妈妈小时候没有进过校门,对于有机会做一

回学生，妈妈既新奇，又兴奋。当然，木娜瓦尔也做了妈妈的老师，教妈妈认汉字，教妈妈说普通话。

做学生的经历，让妈妈打开了眼界，她一下子感到木娜瓦尔必须读书，她的每一个孩子都必须读书，只要她们有本事愿意读下去，她这个做妈妈的就必须让她们一直读下去。

妈妈决定振作起来。库尔班校长说得对："国家通用语言小学走出来的学生，没有一个不是积极上进的！"

在库尔班的建议下，妈妈在七组开了蛋糕店和理发店。开店让妈妈有了经济收入，更让妈妈的脸上有了自信的笑容。

妈妈终于走出了人生的低谷期。

赠送给国家通用语言小学的那面锦旗是她对库尔班的感激，是她对国家通用语言小学的感激，那也是她的国家通用语言小学呀。

一天

几乎每次都是这样。

当库尔班校长的身影出现在校园里设立的孔子像前时,夜幕下的校园还是安安静静的,像是在熟睡。除了门卫室和操场上的灯亮着,教学楼、宿舍楼都是黑乎乎的。

不过,这种静谧很快就被校园广播响起的《我和我的祖国》的音乐旋律打破了,它是国家通用语言小学的特殊信号,确切地说是国家通用语言小学新一天开始的信号。

这不,宿舍的灯光一下子亮了,紧接着宿舍便传出孩子带着蒙眬睡意的说话声,漱口杯与脸盆的碰撞声,开门开窗声,还有老师的嘱咐声……

库尔班校长的一天，随着国家通用语言小学学生时间表一起跳动。看上去波澜不惊，看上去按部就班，但是只有用心地去观察、体会，才能感受到库尔班的用心以及火热的情感。

这时候是北京时间早晨七点四十分，新疆地处中国西部，与内地有两个小时的时差，对于新疆人民来说，此时相当于五点四十分。

给学生的时间是二十分钟。在这二十分钟里，他们要迅速地起床，迅速地洗漱，迅速地整理床铺，迅速地打扫宿舍卫生，所有的事情都要做得干净利落，近乎一气呵成，然后大家去教室。

给住校老师的时间也是二十分钟。

在老师点了名，检查了每个学生作业完成情况后，便是早读时间。在那琅琅的读书声里，天一点儿一点儿地亮了，一棵一棵的树从黑暗里走出来，显得精神抖擞，而国旗杆上的五星红旗分外鲜艳，迎风飘扬。

太阳跳到湛蓝的天空时，在各班级值日生的带领下，全体师生去食堂吃早饭。

这时候是北京时间九点十分。

在食堂的墙壁上，张贴着宣传节约粮食、珍惜粮食的标语。"把碗里吃干净了"是对所有人最起码的要求。

北京时间十点整，开始这一天的第一节课。

如果是星期一，时间会有所调整，需要在十点半组织升国旗仪式。

升国旗仪式一向是国家通用语言小学的一件大事，每一个学生都穿着干净整齐的校服，脸洗净，头发梳顺，庄重严肃。

在齐唱国歌后，全体师生向国旗宣誓。誓言是库尔班校长拟定的：

我是中华民族的一分子，作为中华儿女，我感到非常自豪。我爱伟大的祖国，我爱首都北京，我争做民族团结的小主人，弘扬优秀传统文化，传播民族团结正能量，愿祖国早日实现民族伟大复兴的中国梦。我们的祖国是中国，我们的民族是中华民族，我们的文化是中华文化。我们的共同目标是实现中华民族伟大复兴的中国梦。

我们牢记社会主义核心价值观：富强、民主、文明、和谐、自由、平等、公正、法治、爱国、敬业、诚信、友善。

誓言代表了库尔班校长的办学理念，是他的心声，他也希望成为国家通用语言小学每一个学生的心声，并把这种心声带入家庭，带入社会。

库尔班校长知道，涓涓细流，可以汇聚成大江大河。

宣誓后，是师生代表在国旗下讲话。能作为代表在国旗下讲话，那是一份崇高的荣誉。

十一点钟大课间开始（星期一会因为升国旗仪式而顺延），有一个小时的时间。

在大课间的时间里，会有丰富多彩的活动，有扭秧歌、打腰鼓、舞蹈《欢乐中国年》等，有背诵《满江红》《少年中国说》《沁园春·雪》《论语》《三字经》《弟子规》等，有手语操《中国人，中国字》等，有戏曲脸谱、《女驸马》、《谁说女子不如男》等，有演唱《我和我的祖国》《中国少年先锋队队歌》《义勇军进行曲》《我说中国话》等，其中《我说中国话》是校歌。体育活动有踢足球、打乒乓球、拔河比赛、接力棒传递等。

校园小广播还会定期安排播放同学们的优秀作文。

下午两点吃午饭。

下午四点，开始下午的第一节课。

晚间七点，学校准时组织师生收看《新闻联播》。

这是国家通用语言小学雷打不动的项目之一，被视为"上课"。通过这样的"课"，让学生知晓天下大事，感受祖国日新月异的变化。

库尔班校长深知，对祖国的热爱必须建立在对祖国深入的了解、理解上，否则那便是空谈。

七点半，阅读大课间开始，不是在教室读，而是各班级的同学站在操场上，用普通话大声阅读。

九点开始晚自习，同学们在教室自习、预习、复习，完成当天的作业，老师会一直陪伴着学生，要么答疑解问，要么备课批改作业。

晚间十二点（如果是冬季，是十一点），在校园广播播放的红色歌曲声中，宿舍熄了灯。当音乐停止，星空下的校园重新恢复寂静，然后进入梦乡。

国家通用语言小学的一天结束了。

对国家通用语言小学的老师来说，这是辛劳的一天，他们从早晨起床，到夜晚上床睡觉，一直都和学生在一起，但也是他们幸福的一天，快乐的一天。他们为孩子的幸福而幸福，为孩子的快乐而快乐。

对国家通用语言小学的孩子来说，这一天是发现的一天，是收获的一天，也是好玩的一天。他们发现自己可以做得那么好，发现自己又有了进步，那收获自然是收获新的知识啦。他们因此而感到惊喜、兴奋。他们从走进国家通用语言小学那天起，就觉得学校是有魔力的，库尔班校长是有魔力的，老师是有魔力的。

这些魔力，在他们的身上也产生了魔力。

对库尔班校长来说，这是美好的一天，可爱的一天，因孩子而美好，因孩子而可爱。

如果说国家通用语言小学的一天是一首欢快而有激情的音乐旋律,那么库尔班校长就是弹奏这首旋律的人。

早晨,他会看着孩子们起床、洗脸、早读、做操;中午,他会出现在食堂,给孩子们打饭;课间,他会走进玩耍的孩子中间,走进一间间教室,倾听孩子的心声,翻翻孩子的作业,了解他们对学习的态度,鼓励孩子要好好学习;上课期间,他会去听老师讲课,感受孩子需要什么样的"教学";晚上,他会再次走进宿舍,看着他们乖乖地上床睡觉……

库尔班校长也许是全新疆唯一一个没有办公室的校长,他的办公室在教室里、学生中间、教师之间。

库尔班坚信,最好的教育从每一天开始,从每一个细节开始。即使是卫生间这样一个地方,库尔班也不会忽视。每天只要一到课间,卫生间的电视会自动打开,里面播放的都是孩子们喜爱的关于健康的内容。

夜幕下,那一棵棵直立的树可能会做梦,它

们的梦是不是跟孩子们的欢声笑语有关呢?

孩子们也会做梦,因为宿舍里面有时会传来某一个孩子轻轻的笑声,那是梦里的笑声。那会是一个什么样的梦呢?那无疑是甜美的梦,色彩绚丽的梦。

库尔班也会做梦。他曾做过这样一个梦,梦中的他栽下了一棵棵白杨树,那些长大后巍然屹立南疆苍茫大地上的白杨树,竟然长出了一对对翅膀,欢呼着飞了,飞向四面八方……

长大后我就成了你

"亲爱的库尔班校长,我要飞啦!"

这是阿迪兰做了小学老师的第一天给库尔班校长发的一条微信。作为国家通用语言小学的第一届学生,阿迪兰如愿以偿考入大学,并且做了小学老师。

阿迪兰始终觉得这是一个梦幻般的过程,也是她不敢想象的过程:如果那天她不是看见有人清理拖拉机站仓库,如果不是她认识了库尔班校长,如果不是库尔班校长说服了她的爸爸妈妈,那她的命运又将会是一个什么样子?

"我要飞啦"是阿迪兰的心声。她不用像她的父辈那样了,她的梦想不再是去乌什县城看看了,她要让更多更多的孩子像她一样去飞,就像库尔班校长让更多更多的孩子去飞一样。

没有谁能比库尔班校长更能理解"我要飞啦"这四个字所包含的澎湃激情。库尔班校长欣慰地知道,他播下的种子已经生根,发芽,开花,结果了。

还记得那个曾经在李永红老师的脸上留下"一朵花"的圆脸女孩吗?她已经在伊犁师范学院完成了本科的学业,开始实习了。

接下来她将会走上中学的讲台,成为一名国家通用语言老师。

"我要做像您一样的老师!"她考上内初班时这样对李永红老师说过,她考上大学时这样对李永红老师说过,她实习时这样对李永红老师说过。在心里,她一直把李永红老师看作是她的亲人。

还记得那个瘦弱的男孩穆萨吗?

库尔班校长可一直没有忘记他。

在穆萨成了中学生后,库尔班校长专门去看望过他,看他是不是适应中学生活。在穆萨考入北京潞河中学内高班时（新疆区内高中班），库尔班校长意外地提了一个与别人截然不同的建议："我看穆萨最好别去潞河中学内高班，他的胃不好，远离家乡，没有人照顾，他可能会难以适应高中生活。"

穆萨的父母听从了库尔班校长的建议，让穆萨报考了阿克苏地区第二中学，毕竟阿克苏离家乡近一些。

到穆萨上学时，库尔班在学校附近租了房子，把穆萨的妈妈接过来，让她专门照料穆萨的生活。

有了妈妈的照料，穆萨一门心思投入学习中。

发现穆萨的语文学习存在短板，库尔班校长及时请来老师给他补课。

高考前夕，库尔班几乎每周都要跟穆萨联系一次，给他鼓劲，缓解他心里的压力。

二〇一六年六月七日，穆萨走进考场。

高考结束，穆萨回到家乡。

回到了家乡，怎么可能不去看看国家通用语言小学呢？怎么可能不去看看敬爱的老师呢？在紧张的学习生活里，在无数个夜晚；在他思念家乡、思念亲人时，国家通用语言小学是他心里最柔软的圣地，是他的另一位"母亲"，也是他力量的源泉。

这是穆萨第一次来到新学校。

那个昔日的小男孩看上去依然有点瘦，但是他的个子倒是长高了许多，眉眼之间多了清秀之气，也多了几分自信。

看着崭新的学校，穆萨特别激动，他还特意到一间教室坐了坐。那一瞬间，穆萨仿佛又回到了最初——二〇〇三年的九月。难道时间真的已经过去了十三年吗？他怎么感觉昨天还在这里一样？

那个瘦弱的，甚至有些胆怯的小男孩，一点儿一点儿从记忆里走出来，他被问到：穆萨，你想过你会有今天的这个样子吗？

穆萨摇摇头，他绝对没有想过他会有今天，无论高考的结果怎么样，他都不会后悔。

不少老师向穆萨打听高考情况，每每这时，他都会羞涩地微笑着说："我也不知道。"

穆萨就是这样。记得在小学四年级的时候，一次数学考试后，老师问他考得怎么样。穆萨难为情地说："我也不知道。"

结果是，那次数学考试穆萨考了满分。

穆萨的高考成绩是由当时阿克苏地区二中的校长第一时间通知给库尔班校长的。那天，库尔班接到校长的电话，还没来得及说一句话，只听见电话那头洪亮的声音直震他的耳膜，库尔班不得不把手机从耳边移了移："库尔班校长，你赶快买鞭炮，赶快买鞭炮，好好放鞭炮庆祝一下，穆萨高考成绩出来了，701分！真不敢相信呀，我们阿克苏地区的理科状元，从未有过的好成绩，吓死你了吧？祝贺你！祝贺你！穆萨可是你们的第一届学生呀！我还得好好感谢你，是你为我们培养出了好学生！祝贺你！也祝贺你们国家通用语言小学……"

库尔班一句话还没有说，对方已经把电话挂了。

库尔班困惑地眨着眼睛看着手中的手机，似乎还不明白刚才放鞭炮似的一番话说的是什么。

库尔班忙把电话打回去,小心地问:"刚才说的是真的吗?穆萨?701分?状元……"

"我的天,你还不信?你等一下!"

很快,对方把电脑上穆萨的成绩拍下来发给库尔班。

于是,这一天成了库尔班最激动的一天,也是国家通用语言小学最沸腾的一天。

库尔班再次看见穆萨的时候,穆萨已经成为清华大学的准学生,他也成为乌什县第一位考入清华的学生。

在去北京读书之前,有当地的记者问穆萨:等大学毕业了,你会有什么打算?

穆萨不假思索地回答说:"我要读研究生,然后回到新疆,做像库尔班校长那样的人!"

入学时流着鼻涕的女孩子,作为国家通用语言小学的第一届毕业生,她已经做了白衣天使。

入学时哭着闹着要跟奶奶回家的男孩子,他同样是国家通用语言小学的第一届毕业生,他已经成为一名公务员。

……

长大后我就成了你

如今，国家通用语言小学真的红红火火了，有在校生六百三十多名，二十八位老师。其中有二十位老师来自乌什县以外，八名老师来自内地。从创办学校至今，国家通用语言小学已经先后培养出十一届小学毕业生，共计六百七十多名，有五百八十多名学生被内初班录取，录取率达百分之八十六，全新疆第一。

每到新学年开学，总有四面八方的孩子来报名，总有一些孩子因为招收人数的限制而无缘在国家通用语言小学就读。

库尔班校长没有满足，更没有停下他探索的脚步。

要想民族团结之花常开长盛，就不能忽视另一个群体，那就是成年人。成年人也需要接受中华文化的熏陶，成年人也需要和孩子一块儿成长，在成年人的心里同样需要播种爱党、爱国、民族团结的种子。

这是那面锦旗带给库尔班校长的启发，也是国家通用语言小学的孩子带给库尔班的动力。学生都说"我要飞啦"，他怎么敢停滞不前呢？

库尔班校长开始经常把学生家长以及周围的群众请到学校来，和孩子们一块儿参加活动。

可惜，库尔班校长觉得覆盖面还是太小了。

于是，库尔班校长产生了新的灵感，创建了"中华文化大院"。

库尔班校长是有抱负的，他要把"中华文化大院"打造成以乌什县为中心，辐射全新疆五千多所村级的文化大院。在"中华文化大院"里，有中华民族五千年文明史展示，有中国共产党革命史展示，有中华传统节日文化体验点，有中华饮食、服饰体验点，有中国红色电影放映点，有中华民间戏曲、舞蹈、音乐体验点，有中华礼仪文化体验点……

走进"中华文化大院"，就像走进一个大课堂，就像走进中华民族浩浩荡荡的五千年，就像走进中华民族的灵魂深处。

库尔班再一次豁出去了。